Cómo encontrar un trabajo

A pesar de haber puesto el máximo cuidado en la redacción de esta obra, el autor o el editor no pueden en modo alguno responsabilizarse por las informaciones (fórmulas, recetas, técnicas, etc.) vertidas en el texto. Se aconseja, en el caso de problemas específicos —a menudo únicos— de cada lector en particular, que se consulte con una persona cualificada para obtener las informaciones más completas, más exactas y lo más actualizadas posible. EDITORIAL DE VECCHI, S. A. U.

© De Vecchi Ediciones 2022
© [2022] Confidential Concepts International Ltd., Ireland
Subsidiary company of Confidential Concepts Inc, USA
ISBN: 978-1-63919-450-6

Nicoletta Piccardo

CÓMO ENCONTRAR
UN TRABAJO

De Vecchi

DVE Ediciones

Índice

Introducción

Actualmente, hablar acerca de cómo encontrar un trabajo, significa tratar un tema tan difícil que parece imposible de afrontar.

Por otra parte, el que se arriesga a hablar y, sobre todo, el que se arriesga a escribir sobre estos temas, puede dar la imagen de una persona presuntuosa e incluso superficial. Sin embargo, los temas relacionados con la supervivencia material han tenido desde siempre un papel importante en las reflexiones de todo el mundo.

De ahí ha nacido la idea de escribir una pequeña guía operativa para todos aquellos que se preparan para entrar en el mundo laboral o para aquellos que, habiendo tenido que abandonarlo temporalmente, desean incorporarse de nuevo a él y de la forma más rápida posible.

Las ideas y los principios que surgirán a partir de la lectura de este libro no pretenden ser ni verdades absolutas, ni remedios mágicos para resolver el problema del empleo a todos aquellos que son víctimas de él, sino una aportación para facilitarles el camino.

Esta idea nace después de algunos años de experiencia y relación con las empresas de consultoría y selección o con aquellas consultorías (típicamente anglosajonas) que tienen como clientes a personas con problemas en el ámbito profesional.

Las sugerencias que contiene este libro derivan de experiencias directas y reales, y también se basan en los éxitos y en los fracasos conseguidos durante estos últimos años a la hora de favorecer la inserción en el mercado laboral de jóvenes y no tan jóvenes; intentan, en definitiva, ser una especie de guía para ser utilizada cada vez que se presente un problema o una oportunidad de mejora profesional.

Estas informaciones y sugerencias contenidas en el libro tienen, pues, una validez general y no absoluta, y por tanto cada uno de los lectores deberá adaptarlas a su propia persona y a sus propias exigencias y necesidades.

Antes de analizar las diferentes técnicas y las distintas situaciones útiles para encontrar un empleo, es necesario descubrir cuáles son los elementos claves gracias a los cuales se hace posible o imposible encontrar un empleo. Aparentemente estas informaciones son tan banales que resultan obvias, pero la experiencia enseña que cuando alguien se pone a buscar trabajo se olvida de todo e incluso a veces, de lo que es de sentido común.

De hecho, es bastante frecuente por ejemplo que, después de haber buscado durante mucho tiempo una oportunidad para trabajar, se pidan consejos para saber cómo responder a los anuncios de demanda de personal, cómo mantener una entrevista de selección, etc., pero no se pida ningún consejo para saber cómo comportarse durante el período de prueba.

Una joven licenciada, con gran dominio de idiomas, me pidió consejo acerca de su primer empleo. Le sugerí que comenzara como dactilógrafa en una pequeña empresa para adquirir un poco de experiencia y familiarizarse con el tema y el ambiente de trabajo. Más adelante, transcurrido un breve período (seis meses, un año), podía empezar a moverse para encontrar un puesto de secretaria de dirección.

La joven licenciada así lo hizo y, cuando finalmente se encontró ejerciendo de secretaria de dirección, al lado de una secretaria mayor que ella, de la que hubiera tenido que ser su brazo derecho o su asistente, sucedieron algunas cosas desagradables que se habrían podido evitar.

1. El director no había avisado a la secretaria más mayor de que su nueva asistente (que además ella misma había reclamado debido al exceso de trabajo) era titulada superior y que, por lo tanto, ganaría casi tanto como ella.

2. La joven secretaria, aun teniendo algo de experiencia, no conocía con profundidad el sector en el que trabajaba la empresa y por lo tanto necesitaba la colaboración de la secretaria más mayor.

3. Todos los colegas de la oficina, a causa de los motivos indicados en el punto uno, se esperaban a una persona particularmente preparada, autónoma y capacitada.

4. Durante todo el período de prueba, la joven licenciada no dio señales de vida, lo que me hizo pensar que las cosas en el trabajo funcionaban perfectamente.

5. Pasados unos dos meses (el período de prueba era de tres meses) mi asesorada me telefoneó para decirme que se había despedido.

¿Qué había sucedido?

A causa de lo señalado en los tres primeros apartados, todos se habían puesto en contra de la joven licenciada. Como el jefe era muy distraído (y a menudo también se ausentaba por razones de trabajo), y ella no había sabido dominar una situación emotivamente difícil, se había despedido.

¿Qué hubiera tenido que hacer?

Las cosas más obvias y de más sentido común, es decir:

• Hablar con el propio jefe en el momento en que percibió la tensión y decirle: «Tengo la sensación de que mi entrada en la empresa se está viviendo (hablando siempre en general y sin nombrar a nadie) como un abuso y como un intento de engañar a alguien. ¿Es posible que una intervención suya sirva para eliminar esta equivocación? Si usted me da el permiso, me gustaría poder hablar de ello personalmente con su secretaria puesto que, como hace muchos años que trabaja en la empresa, me puede ayudar seguramente a conocer mejor a mis colegas y a hacerles entender que, aunque soy titulada superior, necesito su colaboración.»

• Hablar con la secretaria mayor tan pronto como hubiera obtenido el permiso del jefe, para aclarar exactamente la situación, diciéndole: «No quiero quitarte el trabajo ni la exclusividad en tu relación con el jefe; soy titulada superior pero me doy cuenta de que tengo que aprenderlo prácticamente todo. Me han contratado para echarte una mano, no para declararte la guerra...»

• Telefonear al consultor (que, en general, puede ser un profesional pero también alguien a quien se aprecie particularmente) y pedir su opinión antes de verse abocada al despido o a una dimisión forzosa.

La joven licenciada, después del esfuerzo realizado para labrarse un camino interesante en su carrera, después de haber aceptado compromisos a veces incluso difíciles, se encontró de nuevo sin trabajo. ¿Cuál fue la causa de su error? El orgullo y la testarudez de creer que sería capaz de resistir el ambiente hostil y que sería capaz de hacerse respetar.

Esto se puede atribuir a la fuerte tensión personal y psicológica que conlleva la exposición al mundo exterior para adquirir autonomía, bienestar y tranquilidad.

Nunca como cuando se busca trabajo, si no es cuando se está enfermo, se tiene la sensación de estar completamente a merced de los demás, de sus decisiones y de un mundo que escasamente se consigue descifrar.

Por esta razón es indispensable conocer todo lo posible sobre este mundo, el famoso mercado laboral que, manteniendo siempre zonas de sombra y mecanismos de ingreso a veces desconocidos para muchos, tiene características que se repiten en todas las situaciones en que se busca trabajo.

Antes de analizar todos los elementos que tienen un papel importante en la demanda de trabajo, es necesario poner de manifiesto las líneas fundamentales que se han de seguir para encontrar un trabajo y las que se han de excluir para no cometer errores demasiado grandes.

Qué hacer para encontrar un empleo

Para buscar y encontrar con éxito un empleo es necesario:

— saber qué trabajo se quiere realizar;

— profundizar en el conocimiento de sí mismo, es decir, poner de manifiesto qué conocimientos, qué habilidades y qué capacidades se poseen, puesto que se trata de algo útil para la búsqueda del trabajo;

— captar y aceptar los propios límites, aclarar qué es lo que se está dispuesto a aceptar y qué es lo que no;

— descubrir cómo está formado el mercado laboral de referencia; es decir leer, entrevistarse, hablar con quien pueda proporcionarnos información detallada sobre las características del mercado laboral al que se quiere acceder;

— buscar y recopilar todas las informaciones posibles sobre las empresas que se encuentran presentes en el territorio de referencia, es decir, informarse en las entidades existentes para tales fines (asociaciones empresariales, cámaras de comercio, confederaciones sindicales) para obtener el mayor número de elementos útiles en el momento de la verdadera búsqueda del trabajo;

— movilizar la red de relaciones interpersonales y su posible utilización para la búsqueda del trabajo, es decir, hacer una relación de las personas con las que se tiene mayor confianza, añadir el cargo que ocupa, el lugar de trabajo y la facilidad de contactar con ellos; y todo esto, no para obtener una recomendación, sino para obtener información sobre las empresas y, eventualmente, una presentación a la persona encargada de la selección y de la admisión de personal;

— buscar qué canales alternativos utilizan las empresas para localizar a la persona que se corresponde con sus exigencias;

— emplearse a fondo, convenciéndose de las propias capacidades e intentando *venderlas* lo mejor posible no al primer *comprador*, sino al mejor.

Y sobre todo:

— **trabajar mucho. Buscar trabajo es ya de por sí un trabajo;**

— **asumir un actitud activa; el trabajo no es un derecho que nos llega como caído del cielo, es necesario saberlo conquistar;**

— **un empleo no es cualquier trabajo: es ese trabajo que corresponde a las personas que tienen determinadas características aptas para cubrir esa función específica.**

Qué no hacer para encontrar un empleo

Aclarado, aunque a grandes líneas, lo que es necesario hacer para encontrar un empleo, parece mucho más fácil decir lo que no se tiene que hacer.

La experiencia me ha enseñado que desgraciadamente muchas personas, incluso aquellas que ya poseen alguna experiencia laboral, demasiadas veces hacen lo que no deberían.

Cuando se busca un empleo no es necesario:

— presentarse o pedir recomendaciones para un trabajo cualquiera; a la pregunta: «¿Qué quiere hacer usted?» no hay que responder nunca: «Un trabajo cualquiera, me adapto a todo, ¡Me conformo con trabajar!». Con esta respuesta, en lugar de dar la impresión de ser una persona disponible y de confianza (normalmente es este el objetivo que se persigue con esta frase), se da la impresión de ser una persona carente de determinación y de capacidad de trabajo;

— presentarse como candidato para puestos demasiado importantes o de los que se desconocen las dimensiones; es decir, no responder nunca a esa misma pregunta «de secretaria de dirección» si se acaba de terminar un curso de taquimecanografía, o «de responsable de mantenimiento» si se acaban de terminar los estudios de ingeniero industrial;

— contestar indiferentemente a todos los anuncios que nos parecen interesantes; es necesario responder solamente a aquellos que se corresponden, al menos en parte, con nuestras características;

— contestar sólo a los anuncios que coinciden perfectamente con nuestras características: no es necesario buscar la propia fotografía en el anuncio, sino verificar si la imagen que aparece en ella se nos parece;

— señalar en el currículum vitae o en las cartas de presentación teléfonos de contacto o direcciones en los que no hay nunca nadie o en los que sólo está presente una persona que tiene problemas de sordera; evitar que el padre aprensivo participe en la búsqueda del trabajo: en las entrevistas no es necesario que nos acompañen si ya somos mayores de edad, y no consentir que las llamadas de teléfono para concertar la entrevista se conviertan en un lamento por el hijo sin empleo, etc.;

— presentarse a las entrevistas de selección sin haber buscado información, aunque sea mínima, sobre la actividad de la empresa y sobre su funcionamiento;

— enviar a ciegas cartas de candidatura;

— esperar a acabar los estudios o los cursos de especialización para empezar la tarea de buscar trabajo: para obtener algún resultado es necesario prever entre seis meses y un año antes, cuando se empieza.

Y sobre todo:

— **no adoptar una actitud victimista y fatalista: decir siempre a todo el mundo que se acepta cualquier trabajo lleva a no recibir ninguna oferta;**

— **no renunciar a la búsqueda activa si se asiste a cursos de especialización o si se preparan oposiciones públicas: es siempre un error aparcarse esperando que lleguen tiempos mejores;**

— **no perder el coraje, la determinación y el empeño: se puede considerar afortunado aquel que consigue establecer, de cada diez tentativas, un encuentro con la empresa.**

El mercado laboral

Qué es un mercado

Cuando se habla del mercado laboral es necesario recordar que, como todos los mercados (desde el de hortalizas y frutas hasta el de las grandes finanzas internacionales), nos encontramos frente a una situación en la que hay alguien que vende y alguien que compra.

La consideración de que, en el caso del mercado laboral, la *mercancía* no es material sino humana, con todas las influencias psicológicas que esto comporta, no debe disuadirnos del objetivo principal:

- **Poseo competencias y capacidades para ofrecer: ¿Quién puede estar interesado en comprarlas?**

Solamente mirando las cosas a partir de esta óptica se podrá alcanzar un resultado aceptable y satisfactorio.

Por esta razón es un error y fuente de grandes desilusiones afirmar:

- **He estudiado, he hecho muchos sacrificios, soy una persona inteligente. ¿Por qué nadie me quiere ofrecer una oportunidad para trabajar?**

o también:

- **¡Encuentra trabajo sólo quien posee las dotes apropiadas, y para los otros es imposible tener éxito!**

Todas estas afirmaciones y muchas otras, cada vez más frecuentes, son el origen de muchos problemas ocupacionales. En períodos de crisis, además, se agravan más y se vuelven más difíciles de soportar tanto por parte de los jóvenes en busca de su primer empleo, como por parte de los desempleados con anteriores experiencias de trabajo.

Pero veamos, de forma breve, qué es un mercado y qué hacer para conocerlo.

Un mercado es un «lugar» en el cual se establece una relación entre el que compra y el que vende. Pero mientras para algunos sectores existen lugares dedicados a tales operaciones (la Bolsa para las finanzas, las ferias para los productos técnicos, etc.), para el trabajo no parece existir ninguna sede definida en la que tales operaciones de intercambio se puedan realizar.

Esta afirmación es en parte verdad, ¡pero sólo en parte!

En efecto, existen más lugares, a menudo distantes entre ellos, en los que el intercambio del mercado laboral tiene lugar. ¡Es necesario conocerlos!

La primera cosa que tenemos que saber es, pues:

- **¿Qué medios utilizan los compradores (las empresas) para encontrar la *mercancía* que necesitan?**

Pero también:

— cómo sabe una empresa que tiene la necesidad de incorporar un nuevo trabajador;

— cómo define el perfil o qué elementos se destacan y se consideran esenciales, y qué otros constituyen sólo un elemento preferente para escoger;

— quién se encarga de reclutar y seleccionar al nuevo trabajador de la empresa;

— qué medios tiene a su disposición la empresa para buscar a la persona más adecuada;

— cuáles son las empresas que están asumiendo personal o podrían hacerlo dentro de los próximos seis meses;

— cómo obtener las informaciones y cómo utilizarlas para participar en la selección.

La relación de las informaciones indispensables para entender y conocer el mercado laboral podría ser infinita; en este mercado y en el momento en que nos encontramos es necesario, sin embargo, haber ya desarrollado un análisis sin el cual nos arriesgamos a que todo lo demás sea en vano.

Es decir, es necesario preguntarse:

• **¿Qué tipo de *producto* soy?**

• **¿Por qué una empresa tendría que *comprarme* a mí y no a otra persona?**

• **¿Qué ventajas puedo ofrecer a una empresa que otra persona no puede ofrecerles?**

Si no se realiza este trabajo de reflexión se comete un error muy grave, cuyas consecuencias podrían reflejarse durante toda nuestra carrera profesional.[1]

De forma muy breve es necesario reflexionar un poco sobre estos temas, antes de intentar entrar en al mercado laboral:

— qué conocimientos he adquirido a través de los estudios realizados;

— qué conocimientos me han llegado a través del ambiente familiar y de las actividades extraescolares;

— qué competencias he mejorado a través de los trabajos desarrollados anteriormente;

— qué tipo de carácter tengo, qué comportamientos adopto en las situaciones de trabajo;

— cuáles son los intereses, las aptitudes y las habilidades (en sentido general) que creo poseer;

— qué quiero, pienso y creo que estoy en condiciones de hacer;

— cómo puedo «vender o calificar de nuevo» o, simplemente, «vender» mis experiencias.

Una pequeña historia a modo de ejemplo.

Supongamos que comparamos a un joven ingeniero industrial, diplomado desde hace poco y en busca de su primer trabajo, con una pequeña empresa que decide producir plumas estilográficas.

Los dos tienen delante suyo un mercado de compradores potenciales y tienen que introducir su producto en el mercado: en el primer caso se trata de *vender* sus propias habilidades, en el segundo de vender una pluma estilográfica.

---

[1] Para un conocimiento más específico y detallado de este tema puede leerse el libro *Estrategias para hacer carrera* publicado por Editorial de Vecchi.

Intentemos entender qué deberá hacer la empresa para conseguir vender su producto y, continuando con nuestro paradójico ejemplo, qué tendría que hacer nuestro joven ingeniero.

La empresa, en primer lugar (es decir, antes de poner en marcha la producción), buscará a su público objetivo y a sus clientes potenciales. Es decir, tendrá que llevar a cabo un análisis del mercado para buscar si existe algún lugar en el que se pueda instalar o un colectivo de posibles compradores de la nueva pluma estilográfica a los que dirigirse.

De la misma manera el joven, antes de escoger el curso de ingeniero industrial, tendría que haber estado atento a la posible dinámica de desarrollo del mercado laboral en una perspectiva de unos diez años, a la evolución de las salidas profesionales y a partir de esto obtener información útil sobre las posibilidades de ocupación y sobre el tipo de estudios que tenía que seguir (aunque de hecho no parece un trabajo para un niño de trece años, sino para sus padres).

De todos modos, supongamos que la investigación sobre el mercado haya dado resultados positivos. Es decir, que a la empresa le haya parecido conveniente sacar al mercado el nuevo tipo de pluma estilográfica, y que el joven haya valorado que la inscripción en el curso de ingeniero industrial le permitiría una inserción rápida en el mercado laboral.

Llegados a este punto, la empresa tendrá que definir una estrategia de marketing que se basa generalmente en cuatro elementos fundamentales:

• **producto;**	• **promoción**
• **precio;**	• **distribución**

Esto significa que la empresa, antes de poner a la venta la pluma estilográfica, tendrá que establecer con absoluta precisión:

• **Qué tipo de pluma estilográfica fabricará, a qué precio la venderá, qué tipo de publicidad hará sobre ella y dónde la comercializará.**

También el joven técnico deberá seguir un razonamiento parecido. O, al menos, responder a las siguientes preguntas:

— **qué profesionalidad ofrece** (qué especialización ha tenido, qué sectores o materias le gustan más, qué comportamientos personales lo caracterizan principalmente, etc.);

— **a qué precio pretende** *venderse* (qué salario aceptaría, con qué condiciones de contrato, qué ventajas existen para la empresa y para sí mismo utilizando los contratos de trabajo que favorecen la inserción de los jóvenes. ¿Conoce todas las reglas fundamentales de los contratos de trabajo? ¿Conoce las ventajas empresariales para la contratación de jóvenes?);

— **qué tipo de** *publicidad* **pretende darse** (qué debe hacer para que la empresa lo conozca, cómo escribirá el currículum vitae y la carta de presentación, a qué empresas los enviará, cómo hacer que el director de la propia escuela, el amigo o el pariente lo presente, etc.);

— **dónde** *venderse* **o dónde trabajar** (¿está dispuesto a viajar y a desplazarse por España y por el extranjero? ¿Con qué condiciones?).

Hemos recurrido a este pequeño ejemplo para demostrar que las reglas que gobiernan cualquier acción comercial deben aplicarse incluso cuando se trata de buscar trabajo.

Igual que para el ejemplo de la pluma estilográfica, es necesario estudiar con gran atención un plan de mercado, de no hacerlo así estamos destinados, con toda seguridad, al fracaso.

Cómo conocer el mercado laboral

En todos los mercados existen métodos privilegiados para llegar a conocer sus mecanismos, así como expertos en trabajo.

Incluso el mercado laboral posee esta regla. ¿Pero quiénes son esos expertos? Pues los responsables de selección de las sociedades de consultoría, los encargados de la formación profesional posgrado, los orientadores de las entidades públicas destinadas a esta función, los expertos de las organizaciones sindicales, los expertos de las entidades de investigación socioeconómica y todos aquellos que, por los motivos más dispares, están en relación con el mundo laboral.

Generalmente, todas estas personas están capacitadas para indicar el camino más adecuado para alcanzar el éxito profesional o, al menos, para llegar a encontrar un trabajo.

Pero intentemos dar algunas indicaciones.

LAS PERSONAS QUE CONOCEN EL MERCADO LABORAL

Los expertos de mercado, en sentido general y muy extendido, son aquellos que saben todo sobre el llamado *trend* (desarrollo a largo plazo), o sobre el desarrollo a corto plazo del mercado laboral, sobre las profesiones que se requerirán, sobre las exigencias formativas para crear esos profesionales. Estas informaciones las recogen y las elaboran normalmente las entidades de investigación especializadas en aconsejar a los que se ocupan de las inversiones en el campo social, formativo y ocupacional.

Un ejemplo: en la segunda mitad de los años ochenta, una conocida entidad de investigación de Génova, en Italia, realizó un estudio sobre las nuevas figuras profesionales aparecidas en la región de Liguria a partir del 1990.

Este estudio, mediante entrevistas a empresarios, importantes políticos y miembros de sindicatos, docentes universitarios, expertos de formación y profesores, llegó a la conclusión de que las figuras profesionales más requeridas serían las especializadas en disciplinas referentes al sector terciario, o sea, a todos los sectores relacionados con los servicios y en particular con el sector de las convenciones y de las relaciones públicas.

Esta conclusión venía determinada fundamentalmente por dos factores: la presencia masiva en Liguria de empresas con participación estatal con producción de tipo industrial para las que era muy difícil prever nuevos incrementos en la ocupación, y la perspectiva de la exposición internacional para la celebración del quinto centenario del descubrimiento de América.

¿Qué sucedió? La conclusión se reveló más o menos exacta para las empresas con participación estatal, mientras que para la exposición del centenario, no; de hecho, sólo tuvo lugar durante el verano del 1992 y no consiguió transformar Génova en aquel gran centro de congresos que todos esperaban.

Los jóvenes que habían decidido estudiar y especializarse para convertirse en azafatas de congresos o cargos afines bajo la estela de la investigación que se hizo en 1987, se equivocaron.

Pero la fuente de información era justa y competente...

Además de los expertos del mercado laboral que pertenecen a las entidades de investigación o a estructuras similares, existen otras personas que podría decirse que «sienten» el mercado laboral más de lo que lo conocen.

Estamos hablando de todos aquellos que, por razones que expondremos a continuación, están obligados a conocer qué profesiones está buscando el mercado y saben dónde tienen que buscarlas. Veamos quiénes son.

Encargados de selección en las sociedades de consultoría. A diferencia de los encargados de selección de las empresas (que pertenecen a la empresa y dependen de ella), los expertos de las

sociedades de consultoría (sociedades de selección de personal, *head hunter* o cazadores de talentos, orientadores y encargados del *career service*) conocen con suficiente precisión el tipo de profesionales que buscan las empresas.
Intentaremos explicar el por qué con una breve ilustración.

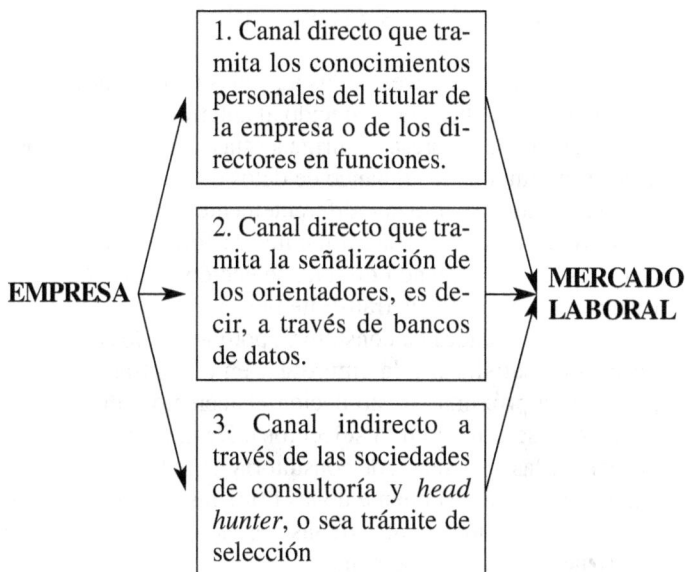

EMPRESA →

1. Canal directo que tramita los conocimientos personales del titular de la empresa o de los directores en funciones.

2. Canal directo que tramita la señalización de los orientadores, es decir, a través de bancos de datos.

3. Canal indirecto a través de las sociedades de consultoría y *head hunter*, o sea trámite de selección

→ **MERCADO LABORAL**

1. Si el canal personal es de este tipo, normalmente las sociedades de consultoría consiguen de una manera o de otra enterarse gracias a un mecanismo rapidísimo de circulación de las informaciones que distingue al sector de la consultoría empresarial. Además, cuanto más restringida es la zona geográfica de referencia, más rápidamente reciben estas informaciones.

Este método se utiliza normalmente para todas aquellas profesiones que requieren nuevos diplomados o licenciados y para las posiciones que generalmente se buscan (secretaría, administración, almacén, etc.).

Una empresa raramente confiará la selección de un joven contable a una sociedad de consultoría (con un coste variable entre el 10% y el 20% de la retribución bruta anual prevista, más los gastos de publicación del eventual anuncio) porque su propio departamento de contabilidad habrá recibido seguramente muchos currículum de nuevos diplomados en contabilidad y la empresa podrá analizarlos gratuitamente.

2. El canal que pasa a través de las agencias de orientación y de *career service* es bastante parecido al anterior.

De hecho, la empresa se dirige a estas agencias para poder acceder gratuitamente al banco de datos de los candidatos.

Este método se utiliza indiferentemente para todos los perfiles profesionales y, generalmente, de forma conjunta con otros sistemas (demanda directa, selección y *head hunting*). Luego, los orientadores transmiten normalmente la información a las sociedades de consultoría porque los dos están interesados en satisfacer a la empresa y en encontrar la manera para que la próxima vez no decida «hacérselo todo en casa» (jerga que se utiliza en la selección). Destacaremos que las agencias y las sociedades de consultoría no se hacen la competencia, puesto que el cliente de las primeras es la persona que busca trabajo y los clientes de las segundas son las empresas que tienen que asumir personal.

3. El canal que pasa a través de las sociedades de consultoría es el llamado *canal de selección tradicional*, en general más utilizado para la demanda de figuras especializadas. Estas representan casi el 30% de las demandas efectivas de personal a nivel nacional.

Encargados de la formación posgrado del personal (cursos financiados por la Unión Europea y por otras entidades estatales y autonómicas). Los que se ocupan de la formación profesional y en particular de los cursos posgrado financiados por la Unión Europea conocen generalmente muy bien quiénes son los profesionales que necesita la empresa.

Y esto debido a la obligación que tienen las entidades de formación de hacer cursar a cada alumno un período de prácticas al final de cada curso y de obtener un tanto por ciento de ocupación que alcance, al menos un 50%.

Cada curso debe conseguir la ocupación de al menos 6/8 personas (los participantes son normalmente 15).

El que proyecta, organiza y coordina estos cursos deberá saber, pues, qué tipo de profesionales tiene que formar y, sobre todo, qué tipo de empresas los contratarán después.

Delegados sindicales en las empresas. Los delegados sindicales que trabajan en cada empresa a menudo conocen mejor que sus secretarios provinciales, comarcales y nacionales qué tipo de profesionales está buscando exactamente la empresa. En realidad, sucede que incluso las empresas en crisis, quizá con personal en el fondo de desempleo o en la relación de transferibles, tienen dificultades en encontrar esos trabajadores, extremadamente cualificados, para destinar a tareas particulares. Por tanto incluso las empresas en crisis contratan personal.

Personas que trabajan. Todas las personas que trabajan, prescindiendo de los dirigentes y de los empresarios, saben qué tipo de profesionales se han buscado en el pasado y qué medios ha utilizado la empresa para reclutarlos.

LAS «COSAS» QUE HABLAN
SOBRE EL MERCADO LABORAL

El mercado laboral se manifiesta no sólo a través de los que se ocupan del trabajo en su significado más cerrado (seleccionadores, *head hunter* y orientadores), sino a través de otros muchos mecanismos.

Algunos de estos son directos y nos señalan con precisión qué camino es oportuno tomar si se quiere encontrar trabajo, otros son indirectos y entonces es necesario aprender a reconocerlos, interpretarlos y, si fuera necesario, ir a buscarlos.

Anuncios de demanda de personal publicados en los periódicos. Los anuncios de demanda de personal publicados en los periódicos, tanto nacionales como locales, representan la fuente más actualizada para captar la dirección en la que se mueve el mercado laboral.

De todos modos, estos anuncios constituyen sólo una parte de las demandas de personal reales y afectan normalmente a personas que ya poseen alguna experiencia laboral y que no se encuentran, por lo tanto, en los inicios de su carrera.

Incluso si consideramos la hipótesis de que, para muchos, los anuncios de ofertas de trabajo no representan el mejor sistema para encontrarlo, sí constituyen una buena fuente para entender lo que sucede en el mercado laboral.

Con otras palabras, pueden responder a la pregunta: «¿Si me lanzo hacia un cierto camino profesional, tendré luego posibilidades de mejorar?»

Es decir, los anuncios pueden indicarnos los profesionales que se requieren en ese preciso momento, cuáles son las competencias necesarias para ser admitidos, cuántas personas se requieren en esa determinada área, comarca o provincia, etc.

Pongamos un ejemplo.

Generalmente, los jóvenes en busca de su primer trabajo, hacen una primera prueba en el terreno de las ventas.

Sin ni siquiera saber qué trabajo se les pedirá y qué retribución se les ofrecerá se «confían» a las aseguradoras, editoriales y empresas elaboradoras de productos de gran consumo: ¡Hacen de vendedores!

La experiencia más bien traumática y profesionalmente de extrema dificultad que suponen las ventas (generalmente puerta a puerta) provoca que la mayoría de estos jóvenes renuncien inmediatamente al trabajo y declare —con gran convicción— que nunca más se dedicará a las ventas.

¿Pero qué trabajo realiza un vendedor? ¿Qué diferencia existe entre un promotor, un *key account*, un agente monomandatario o plurimandatario, un vendedor directo o indirecto? ¿En qué consiste una prestación de trabajo coordinada y continuada?

Se podría decir que ninguno de esos jóvenes en busca del primer empleo sabe responder a estas preguntas. Una única experiencia en ventas, aunque a menudo es verdad que se manda a muchos jóvenes a la aventura y sin ningún tipo de protección, no ha de ser por sí sola una experiencia negativa y falta de perspectivas para el futuro.

¿Entre esos jóvenes cuántos conocen las brillantes carreras de los vendedores? ¿Cuántos conocen la enorme demanda que existe entre las empresas? ¿Cuántos saben que incluso en período de crisis estos profesionales son los últimos que se incorporan a las bolsas del desempleo y son los últimos a los que se despide?

Normalmente, nadie. Hace un tiempo un joven licenciado rechazó entrar a trabajar en una empresa, con un contrato regular. ¿Por qué? Se trataba de ventas y además de ventas de productos de baño (en particular de papel higiénico). Este tipo de mentalidad —frecuente entre los jóvenes— contribuye al grave problema de desempleo juvenil.

El que se ocupa de vender productos para el baño (evidentemente no puerta a puerta sino directamente a los distribuidores), desarrolla el mismo trabajo que el que vende joyas. Además tiene menos problemas para vender su mercancía y, en consecuencia, gana más.

Si el joven que rechazó esta posición hubiera leído con mayor atención los anuncios de demanda de personal, hubiera podido hacer el siguiente razonamiento: «Los vendedores están muy requeridos. Si ya has tenido alguna experiencia en este campo es más fácil que te ofrezcan contratos más ventajosos respecto a los tradicionales que dependen del número de ventas realizadas. Ahora tengo la oportunidad de integrarme en una empresa que me permita aprender el oficio (mi sueldo no es muy alto, pero no depende de mi capacidad para vender y por lo tanto podré permitirme algún error). Ciertamente, tendré que ir por las empresas y por los centros comerciales a vender papel higiénico pero, de todos modos, para el empresario o para el responsable de compras en los centros comerciales es exactamente igual comprar papel o pasta. Además, en los anuncios, se buscan siempre vendedores con una amplia experiencia en el consumo, y quizá, cuando haya adquirido alguna, podré integrarme en otra empresa y con un sueldo más alto.»

Si efectivamente, el joven hubiera tenido las características perfectas para ser vendedor, este razonamiento hubiera sido más correcto y habría demostrado un buen conocimiento del mercado laboral.

Así pues, el consejo es que se tiene que dar siempre una ojeada a los anuncios de demandas de personal —sobre todo en los periódicos de difusión nacional— para ver qué perfiles se buscan, dónde y con qué condiciones.

Los artículos sociológicos publicados en las revistas. Los artículos relativos a temas sociales publicados por las revistas (tanto en las de más nivel cultural como en las de entretenimiento) constituyen, de todos modos, un buen canal indirecto para conocer la dirección en la que se dirige el mercado laboral.

Leer, por ejemplo, los artículos relativos a la disminución de los nacimientos en Europa occidental me informa (seguramente antes de realizar cualquier análisis sociológico) sobre el hecho de que las profesiones ligadas a la enseñanza sufrirán progresivamente una disminución drástica. Al mismo tiempo leer hoy que los jóvenes sienten enormemente la necesidad de un retorno a los valores tradicionales me debería hacer pensar que esta tendencia a la disminución de los nacimientos no será tan fuerte dentro de unos años, cuando estos jóvenes se encontrarán en condiciones de crearse un núcleo familiar propio. Esto probablemente, no significa que en un período de diez años se necesitarán profesores tal como sucedió en los años sesenta. Se necesitarán, en todo caso profesores con perfiles profesionales distintos. De hecho, se puede creer que la escuela continuará a jornada completa, que las madres de los niños tendrán todas un empleo remunerado y que la escuela u otras entidades deberán ocuparse también de los aspectos relativos al tiempo libre y, por lo tanto, también de las actividades deportivas y lúdicas.

Los profesores tendrán que unir, a sus competencias especializadas relativas a la materia que enseñan, otras habilidades como el uso de la informática, organización innovadora del tiempo libre, conocimientos lingüísticos, educación civil y voluntariado, etc.

Seguramente un diploma de magisterio ya no será suficiente y probablemente no lo será ni siquiera una licenciatura en letras.

Se solicitarán personas con muy buenas competencias de base pero con estudios realizados en el extranjero, con experiencia de voluntariado en agrupaciones infantiles o de animación durante las vacaciones del período estival y con suficientes conocimientos de informática para poder transmitir a los niños las instrucciones elementales.

Este razonamiento y muchos otros pueden y tienen que hacerse partiendo simplemente de la lectura de artículos de sociedad y de las ideas que nos ofrecen para la reflexión.

Es suficiente pensar, por ejemplo que, muchas ideas de *bussiness* o ideas empresariales que se han transformado en otros tantos éxitos en estos años, han nacido gracias a las ideas extraídas de estos artículos, quizá publicados incluso en revistas sin pretensiones de inserción laboral.

Si se está buscando un empleo o se piensa buscar en pocos años (sobre todo los estudiantes) es necesario prestar atención a todo lo que nos puede proporcionar alguna indicación sobre las iniciativas a tomar y sobre todos los cursos de especialización a escoger.

Los artículos de carácter económico, las proyecciones y los planteamientos macroeconómicos, las opiniones sobre el funcionamiento de la sociedad, los rumores sobre los cambios en la cúspide de las empresas y hasta las necrológicas publicadas en los periódicos locales y nacionales nos dan informaciones muy útiles para saber de qué empresas está formado el mercado laboral y cuáles son las tendencias para el futuro.

Los artículos económicos. Los artículos de carácter económico, publicados generalmente en revistas especializadas y en las páginas de economía de los periódicos, además de, evidentemente, en los periódicos de información general pueden darnos informaciones importantes.

Para empezar nos acostumbran a un lenguaje empresarial y, si se leen con suficiente frecuencia, permiten comprender lo que es un balance, un estado patrimonial, un análisis económico, etc. Pero sobre todo nos permiten entender qué mecanismos regulan el funcionamiento de una empresa, por qué las acciones de una empresa pueden aumentar de valor mientras una parte de sus empleados va al desempleo, o por qué una sociedad puede quebrar mientras sus productos son los más requeridos en los mercados. La lectura de este tipo de anuncios —aunque nos resulten muy difíciles al principio— es de gran utilidad para adquirir una terminología que encontraremos luego en cualquier empresa, incluso en la más pequeña.

Además, muchos de estos artículos normalmente tienen relación con empresas específicas y aportan informaciones interesantes sobre las oportunidades de trabajo. Desde hace ya varios años se habla, por ejemplo, de la crisis del sector de la informática: después del gran aumento de los negocios de los años ochenta parece que las empresas productoras de *hardware* (la máquina en sí misma) se encuentran todas en crisis y que no hay posibilidad de integración para jóvenes ingenieros.

Esta afirmación es totalmente cierta por lo que respecta al *hardware* y sobre todo para el gran sector del ordenador personal; pero es totalmente falsa por lo que se refiere al *software* (los programas) y es sólo parcialmente cierta si se habla de las grandes máquinas —ordenadores y *mainframe*— y a los ordenadores portátiles.

La lectura superficial de las informaciones referentes al mundo de la informática de los últimos años podrían llevar a afirmar que se trataba de un sector totalmente en crisis, pero una lectura más atenta habría llevado a muchos jóvenes a especializarse en sectores para los que todavía hoy se requiere personal en las empresas y, como ya se ha dicho antes, incluso por aquellas empresas que han solicitado el fondo de desempleo para muchos trabajadores.

Proyecciones y escenarios macroeconómicos. Estos términos se refieren a las informaciones que se encuentran en los periódicos sobre el funcionamiento de la economía nacional y mundial.

Si bien a menudo son incomprensibles incluso para los expertos en el tema, algunas de las informaciones que citan estos estudios permiten determinar con precisión el funcionamiento del mercado laboral para los próximos años.

En particular, las informaciones útiles para el no experto son aquellas relativas a los aspectos socioeconómicos, más que las relativas a los aspectos económicos puros.

Decir que la economía europea respirará de nuevo dentro de unos años, es lo mismo que decir que, pasado ese período, las empresas volverán a invertir con el consiguiente aumento de las oportunidades en el empleo. Estas inversiones estarán además unidas a las que realizarán las empresas que se encuentran al otro lado del océano: la economía europea y la española están, de hecho, muy relacionadas con la americana y a la japonesa.

¿Pero en qué sector? ¿Qué competencias se les pedirá a los jóvenes? Seguramente el gran cambio experimentado a nivel político e internacional, las exigencias de justicia y moralidad testimoniados por muchos episodios —no solamente españoles— hacen suponer que se exigirán dotes de entrega, fiabilidad y seriedad anteriormente consideradas sólo como accesorias respecto a la capacidad para hacer negocios. Se buscarán, además, personas muy competentes: la secretaria no podrá ser sólo una buena dactilógrafa/ y estenógrafa, sino que deberá hablar y escribir perfectamente el inglés, tener un óptimo conocimiento y una gran capacidad en informática, saber quizá algo de programación y tener una óptima dicción y acento.

Las empresas, de hecho, ante un coste elevado de la mano de obra en Europa, mientras los países asiáticos y la ex Unión Soviética se encuentran a niveles inferiores, estarán dispuestas a asumir solamente personal extremadamente cualificado, con un amplio currículum y dispuesto a reducir los riesgos de la empresa.

Los grandes debates a nivel político y social hacen pensar que en realidad nos encaminamos hacia un sistema basado principalmente en los méritos personales: la retribución real que percibirá el personal estará compuesta por una parte fija e igual para todos los expertos del mismo nivel y antigüedad, y de una parte variable que estará en relación con el éxito personal y el funcionamiento de la empresa.

La lectura, incluso superficial, de los informes de economía internacional y de los escenarios futuros puede ayudar a comprender el mundo que nos rodea y a prever lo que sucederá en el mundo económico y, por lo tanto, también en el mundo laboral.

La clasificación de las empresas. La clasificación (el *ranking*) de las empresas, publicada anualmente por las revistas nacionales y extranjeras más importantes, sirve para localizar los sectores más influyentes de la economía.

Más allá del hecho de que más tarde nos podamos presentar a esas empresas, la clasificación nos sirve para descubrir qué otras empresas (probablemente demasiado pequeñas para entrar en el escalafón) pueden, de todos modos, tener una marcha positiva y estar potencialmente interesadas en asumir más personal.

Veamos un ejemplo.

Si en los primeros diez lugares se sitúan tres empresas —probablemente multinacionales— que trabajan en el sector de la alimentación y, el año anterior sólo había una, es probable que:

— o el sector de la alimentación se ha desarrollado mucho;

— o todos los otros sectores han sufrido una fuerte recesión.

Si es cierto el primer caso, se puede pensar que el desarrollo del sector alimentario ha favorecido a todas las empresas que trabajan en el mismo sector. Entonces se tendrá que proceder a una verificación sucesiva que consiste en censar las empresas alimentarias que trabajan en la propia zona, investigar sobre su funcionamiento y presentarse como candidato.

Los rumores locales. Todos los artículos relativos a los cambios en la cúspide de las empresas constituyen una fuente de información importante para la búsqueda de trabajo. De hecho, normalmente lo más difícil es conocer el nombre de la persona a la que debemos dirigirnos para conseguir una entrevista o, simplemente, saber a quién tenemos que enviar un currículum vitae.

Una sugerencia puede ser la lectura diaria del periódico más importante de nuestra localidad y también dedicarse a recortar todos los artículos que hablen sobre las empresas de nuestra ciudad.

Este trabajo debería hacerse seis meses antes de la verdadera y real búsqueda del trabajo. Transcurrido este período se podrá obtener de los recortes una serie de informaciones importantísimas y normalmente muy completas. Es decir:

— el nombre de las principales empresas locales;
— su localización;
— el tipo de producción;
— los nombres de los titulares;
— los nombres de los dirigentes;
— el desarrollo previsto y los problemas encontrados;
— el mercado de referencia;
— las relaciones con otras empresas.

Se pueden extraer de este archivo otras informaciones pero, sobre todo, se podrá utilizar más tarde para enviar cartas o, todavía mejor, para intentar conseguir una entrevista por teléfono.

La publicidad. Puesto que la publicidad —por televisión, por radio o a través de la prensa escrita— ha alcanzado actualmente costes muy elevados, representa un buen canal para conocer el desarrollo de una empresa. Esto cuenta sobre todo para las empresas que operan en los sectores de gran consumo (alimentario en particular) y en los sectores de bienes de consumo medio (vestuario, decoración o electrodomésticos, por ejemplo).

El hecho que algunas conocidas empresas haya tenido en los últimos años un notable desarrollo puede ser consecuencia de la fortísima inversión realizada en publicidad. Pero cuidado, porque las inversiones representan una condición necesaria pero no suficiente para decir que una empresa está sana. Muchas empresas en crisis intentan este camino para jugarse la última carta.

En todo caso, es correcto presentar nuestra candidatura a empresas que realizan una buena inversión en publicidad, incluso si tiene un valor modesto y es de tipo local. Por ejemplo, muchas empresas productoras de objetos de decoración tienen efectivamente una situación económica muy sana y necesitan contratar más personal, aunque su publicidad nos parezca, a veces, algo folclórica

Por el contrario, existen grandes grupos multinacionales o con capital del Estado que, aunque organizan espectaculares campañas de publicidad, están en crisis y, evidentemente, no pueden asumir más personal.

Todo esto es válido para las empresas que trabajan en los sectores de gran consumo o para las que trabajan con un régimen de oligopolio, para las cuales la publicidad tiene exclusivamente una función de imagen y no de aumento de las ventas. No es válido para las industrias, que utilizan otros sistemas de publicidad como los catálogos de venta o las revistas especializadas.

El grado de satisfacción y de motivación de las personas en su trabajo. Una forma óptima de conocer mejor el mercado laboral y, en consecuencia, las características de las empresas a las que cada uno podría interesar, es observar e indagar, cada vez que se conoce a alguien, el tipo de satisfacción personal alcanzado en la empresa en la que trabaja.

En otras palabras, significa que cuando encontramos una persona que está contenta de trabajar en un lugar y se la ve sonriente y no particularmente ansiosa, entonces nos hallamos frente a una empresa interesante.

Al contrario, allí donde un empleado aparece insatisfecho del trabajo y un poco frustrado, podemos estar seguros de encontrarnos ante una empresa poco interesante, o ante una persona que no sabe trabajar.

A partir de una persona a la que se conoce y que parece feliz de trabajar en esa empresa, llegar hasta el nombre de la empresa y del responsable de la selección de personal puede ser muy fácil;

es suficiente tener muy claro qué es lo que se está buscando. Pero cuidado, porque esto no significa pedir una recomendación. Significa sólo hacer un poco de detective para obtener información a través de los propios conocidos y las amistades.

Este método, utilizado de forma continuada y correcta (es decir, tomando notas, escribiendo los nombres que se citan como responsables de la empresa, etc.) representa un método eficaz para conocer el mercado laboral.

Los medios para entrar en el mercado laboral

Está muy extendida la idea de que los medios para acceder al mercado laboral y los medios para encontrar un puesto de trabajo son los mismos.

Se trata de un error. Aunque muchas veces estos medios coinciden —como veremos en el próximo capítulo—, antes de empezar a buscar trabajo se han de seguir algunos pasos para introducirnos en el mercado, por ejemplo mientras se están acabando los estudios.

Se puede recurrir de nuevo al ejemplo entre el joven que busca trabajo y el nuevo producto que una empresa quiere vender. Antes de lanzar completamente la operación comercial, forzosamente se deberá realizar una investigación sobre el mercado para conocer los potenciales compradores de su nuevo producto.

Del mismo modo, un joven tendrá que entrevistar a personas que trabajan en un sector, en el que posiblemente entrará al final de los estudios, para saber la dirección que tiene que tomar.

Un joven estudiante del último curso de la escuela de hostelería debería, por ejemplo, dedicar parte del verano anterior a la obtención del título, a entrevistar personas que trabajan en albergues (en todos los cargos y no sólo al director, que probablemente no podrá ni siquiera recibirlo). Y esto para:

- Saber cuáles son los puestos que más demanda tienen. Quizá se quiere especializar en el ramo administrativo y, en cambio, hay más demanda de jefes de camareros.

- Saber cuál es el tratamiento que reciben tanto desde el punto de vista retributivo como desde el punto de vista de la organización del trabajo. Probablemente él cree que los camareros ganan la mitad que los recepcionistas y, en cambio, descubre que en realidad es exactamente lo contrario.

- Saber de antemano cuáles son los llamados *plus competitivos* para entrar en el sector de la hostelería o, quizá, en ese determinado hotel; es decir si existen competencias o características personales que faciliten el ingreso en los hoteles de la zona.

- Conocer algunos rumores del sector. Es posible que haya hoteles que estén a punto de abrir, sobre los que solamente los expertos en el tema tengan noticias; es posible que haya operaciones de venta y de compra con los consiguientes despidos y nueva contratación de personal, etc.

- Darse a conocer.

Esto último es lo más importante. Un joven emprendedor de diecisiete años, que demuestra coraje, que se presenta bien vestido y solicita algunas informaciones porque el año próximo se diploma en hostelería y le gustaría decidir sobre qué camino tomar, si buscar trabajo, hacer un curso de especialización o ir al extranjero será valorado siempre de forma positiva.

Si consigue obtener una entrevista informal (no de selección) con el director o un responsable del hotel, casi seguro que le pedirá que mande su currículum vitae o que se presente personalmente en cuando acabe sus estudios. Si luego él, una vez conseguida la confianza de su interlocutor, pide poder pasar las vacaciones de Navidad o las de Pascua haciendo prácticas en el hotel, seguramente le responderán que sí.

Esta es una forma de entrar en el mundo laboral, pero no se trata de la forma tradicional de encontrar trabajo. A medio plazo, sin embargo, podría convertirse en una forma muy eficaz para encontrarlo.

De hecho, a pesar del gran número de jóvenes que se ofrecen para ocupar puestos en este sector, los directores de los hoteles tienen siempre enormes problemas para encontrar los que tienen la suficiente habilidad técnica pero, sobre todo, el estilo adecuado.

El director de un gran y conocido hotel de Portofino me dijo una vez que siempre había tenido problemas en el momento de contratar a jóvenes con talento, distinguidos y con la clase adecuada a la tipología de los clientes del hotel. Me dijo también que había contratado a algunos jóvenes potencialmente adecuados y haberse hecho cargo de un año entero de formación en el extranjero en hoteles de la misma cadena. Pero añadió: «¿Cómo se puede presentar alguien el primer día de trabajo para hacer de camarero y no saber que es necesario llevar pantalones negros? ¿Cómo es posible no conocer la diferencia entre un camarero, un *chef* y un *sommelier*? ¡Me niego a contratar a jóvenes que no conocen estas reglas tan elementales de nuestra profesión!»

Entre los jóvenes que se presentaron en tejanos el primer día de trabajo había seguramente muy buenos camareros. Su desconocimiento del mercado laboral les costó perder una buena oportunidad.

Planificar la búsqueda del empleo

La búsqueda del empleo es uno de los aspectos centrales de la vida de cada persona. Con más razón todavía en períodos de crisis o de transición económica constituye una fuente enorme de angustias personales y familiares.

Por esta razón y por la importancia del trabajo, es necesario prepararse muy pronto para su búsqueda y no encontrarse, al acabar los estudios o, peor todavía, cuando las empresas cierran y fracasan, poco preparados.

Así pues, es fundamental planificarse la búsqueda del trabajo.

Sintetizando, para planificar la búsqueda del empleo, es necesario:

1. Saber quién soy, qué conozco y qué puedo aprender, es decir, valorar con precisión mis límites y mis capacidades en cuestión de comportamiento, características y actitud. Saber qué conocimientos y competencias se han adquirido mediante los estudios y el trabajo. Saber, en definitiva, qué sectores y qué tipología de trabajo están a nuestro alcance o por cuáles manifestamos una mayor facilidad de aprendizaje.

2. Conocer el mercado laboral utilizando todos los medios descritos hasta ahora y preparando todo el material necesario:
   — currículum vitae;
   — cartas de presentación de la candidatura.

3. Acostumbrarse a afrontar las situaciones de selección de forma espontánea y eficaz.

El mercado laboral

• **El mercado laboral es un mercado como todos los demás.**

• **Es necesario tener muy claro qué *mercancía* se quiere vender y a qué precio la queremos vender.**

• **No existe un lugar estándar en el que tengan lugar estos intercambios comerciales y, por este motivo, el mercado laboral es muy difícil de comprender y de conocer.**

- **En primer lugar es necesario descubrir cuáles son los medios que utilizan las empresas para reclutar personal.**

- **Y luego ver qué tipo de *producto* soy yo:**
  — qué profesionalidad poseo;
  — qué sueldo creo que puedo pedir;
  — dónde quiero trabajar;
  — cómo encuentro trabajo y cómo me doy a conocer.

- **El mercado laboral se conoce a través de los expertos en selección, orientación profesional y formación, y a través de canales de preferencia que es necesario estudiar atentamente.**

- **Los anuncios de demandas de personal son sobre todo una fuente para conocer el mercado laboral.**

- **Las personas que trabajan pueden transmitir informaciones muy importantes para ayudarnos a comprender cómo funciona el mercado laboral y cómo conseguir entrar en él.**

- **Entrar en el mercado laboral no siempre equivale a encontrar trabajo pero prepara el camino.**

- **Antes de lanzarse sobre las demandas de trabajo es necesario planificar la propia búsqueda, valorando con atención si se poseen los medios para entender qué está buscando el mercado y, en consecuencia, qué trabajos están dispuestos a ofrecer las empresas.**

Los medios para encontrar un empleo

La concepción del trabajo como un derecho, sancionado justamente por la Constitución y que luego ha pasado a la cultura de todos debido a la popularidad que alcanzó en los años sesenta, ha provocado que mucha gente se haya olvidado de que existen medios que tienen la finalidad de ayudarnos a buscar, localizar y escoger un trabajo.

Estos medios, que en el pasado solamente utilizaban personas particularmente atentas y sensibles, se consideran hoy fundamentales, debido a la crisis ocupacional que caracteriza a los años noventa.

Esto queda demostrado a través de las diversas iniciativas nacidas también en España: las consultorías de carrera, los anuncios de ofertas en los periódicos, los cursos sobre técnicas de búsqueda del trabajo y todo aquello que, de forma superficial o profunda, tiende a convertir la búsqueda del trabajo en algo más activo y dinámico por parte del interesado.

Volveremos a analizar, más adelante, los medios más tradicionales, aunque de todos modos indispensables, para una búsqueda eficaz del trabajo.

Por ahora me gustaría subrayar que se debe adoptar la máxima cautela al considerar, de todos modos, que todos estos medios —desde el currículum vitae al curso sofisticado sobre técnicas de comunicación— sean por ellos mismos resolutivos en el momento en que se busca trabajo.

Como en todas las situaciones complejas de la vida, también la búsqueda del trabajo precisa la capacidad de unir técnicas e intuición, medios y fantasía. Pero estos, sin una valoración preliminar de la situación y de las consecuencias que podrían comportar, producen en general efectos pésimos.

Por lo que se refiere al mundo laboral, el peor efecto que pueden producir es exactamente el de no tener ninguno. En otras palabras: utilizar de forma incorrecta los medios para buscar un trabajo significa muy a menudo no recibir ni siquiera una respuesta de nuestro potencial interlocutor.

Existen muchos medios para buscar trabajo. Los más eficaces son los tradicionales, pero utilizados de forma innovadora y, eventualmente, si es necesario con el sostén de una consultoría de carrera que ayude a resolver, si existen, los problemas de comprensión del mercado laboral, de las propias actitudes y potencialidad y toda la problemática conectada con la verdadera selección.

En este capítulo afrontaremos el análisis de los principales medios para encontrar trabajo: el currículum vitae, las cartas de presentación, los anuncios de demanda de personal y los canales para obtener las informaciones directamente.

El currículum vitae

El currículum vitae —abreviado a menudo con las siglas C.V.— es el primer medio conocido para entrar en contacto con una empresa o sociedad de consultoría.

Normalmente, todos los jóvenes diplomados o licenciados, en cuanto acaban los estudios, envían docenas de cartas con su currículum vitae a las principales empresas locales, a las sociedades que podrían realizar selecciones, etc. Este tipo de correo o envío indiscriminado generalmente no sirve para nada.

Esto no significa que el currículum de por sí no sea un buen medio para buscar y encontrar trabajo, sino al contrario.

Como ya he dicho antes, el currículum es como una fotografía: al enseñarla descubrimos que aquella en la que nos parecía que habíamos salido muy bien, a otras personas no les gusta y viceversa.

Sucede también lo mismo con el currículum. Normalmente se redacta bajo la estela del entusiasmo del final de los estudios, representa el primer desafío con el mundo exterior, el primer enfrentamiento real con la realidad y con la posibilidad de convertirse en independientes económicamente.

Sin embargo, este primer currículum se prepara siempre sin saber absolutamente nada sobre el mercado laboral, sobre los mecanismos que lo regulan y sobre los sistemas para conseguir entrar en él.

El problema es que resulta muy difícil cambiar el propio currículum; nos encariñamos a él como a la fotografía desteñida o a un recuerdo entrañable.

Me ha sucedido más de una vez tener que discutir con algún joven cliente que insistía en querer indicar en su currículum el título de una tesis absolutamente incomprensible para los neófitos en el tema, o tener que ofender a una joven que insistía en querer indicar, entre sus aficiones, la lectura de novelas rosas, diciéndole que esto no sería apreciado por la empresa porque había muchas mujeres que leían el mismo tipo de libros.

Saber explicar la propia historia personal y profesional en pocas líneas es fundamental para entrar en el mundo laboral: por este motivo el currículum vitae representa de todos modos el instrumento principal para comunicar con las empresas y estimular su respuesta.

Pero veamos qué postura tenemos que adoptar para redactar un buen currículum vitae; de qué partes está compuesto y cómo se debe modificar en relación con el interlocutor.

LA FORMA DEL CURRÍCULUM VITAE

El currículum vitae se tiene que preparar con una máquina de escribir eléctrica o electrónica o a través de un procesador de textos en un ordenador personal. Se podrá escribir a mano sólo en el caso en el que la empresa o el anuncio de demanda de personal lo pida expresamente.

El papel tendrá que ser blanco, de buena calidad y grosor, y de formato estándar (clásico DIN A-4).

La tinta tiene que ser de color negro o, como máximo, para los más creativos, azul.

El currículum, además, tendrá que:

— contener en su primera página y en el centro la inscripción: currículum vitae de... (nombre y apellidos y no viceversa);

— estar organizado de forma esquemática para poder facilitar la lectura y la comprensión: separado en apartados distintos en los que deben presentarse los datos relativos a la vida personal y profesional interesantes para el trabajo que se está solicitando;

— ser fácil de entender para preparar eventuales convocatorias y entrevistas: por esta razón los números de teléfono tendrán que estar indicados de forma muy clara y las características más importantes de nuestra vida tendrán que estar detalladas al máximo;

— ser sintético, no superar las tres páginas y ocupar al menos una;

— estar separado de la carta de presentación y tener una forma neutra; de hecho, es incorrecto enviar un currículum con la forma de la demanda de admisión; la carta y el currículum tendrán que ser distintos, aunque el currículum sea muy breve;

— ser sencillo de archivar; esto significa que cada página tendrá que llevar el nombre y los apellidos del remitente (en letra pequeña pero legible); si la experiencia es amplia y, quizá, no demasiado homogénea (secretaria y dependienta; técnico de proyectos y vendedor) se tiene que indicar siempre qué tipo de trabajo se está buscando, para evitar que acabe sin clasificar en el archivo que casi nunca se consulta;

— presentarse de forma no coloquial, pero al mismo tiempo no excesivamente reverente: el buen C.V. tiene que ser formal, como si lo hubiera escrito otra persona;

— estar siempre firmado y llevar la fecha de compilación;

— presentarlo plegado de forma corriente: si el papel es de formato estándar, el sobre tendrá que tener también un formato tradicional, tipo americano; es muy desagradable recibir un C.V. doblado en un sobre cuadrado.

Desde el punto de vista formal, un buen currículum vitae tiene que poseer, pues, las características siguientes:

- **Síntesis.**

- **Fluidez y facilidad de lectura.**

- **Claridad.**

- **Precisión.**

- **Eficacia y coherencia con la personalidad del remitente.**

- **Esmero en la presentación.**

LA ESTRUCTURA DEL CURRÍCULUM VITAE

El currículum vitae tiene que estar normalmente dividido en varias apartados:

— los datos personales;

— la formación y los estudios acabados;

— los idiomas que se conocen;

— las experiencias profesionales;

— otras informaciones diversas.

Cada uno de estos apartados es algo extremadamente importante para la valoración de la candidatura recibida, por parte de la empresa.

Los datos personales. Son todas las informaciones básicas relativas a la propia persona. Tendrán, pues, que llevar fecha y lugar de nacimiento, nacionalidad y ciudadanía, residencia y domicilio, teléfono de contacto, estado civil, número de hijos, datos relativos a la prestación del servicio militar. Particularmente:

• **La fecha de nacimiento se indica de forma extendida.** De hecho es más legible 23 de marzo de 1971, que 23/3/71.

• **La dirección se indica de forma completa:** calle, número, código postal, ciudad y provincia. Se debe indicar sólo el edificio en el caso en que se viva efectivamente.

• **El número de teléfono se acompaña del prefijo.** Para facilitar un eventual contacto por parte de las empresas es necesario indicar también el horario de presencia, la existencia de contestador automático, si es el caso o, si es posible, un segundo teléfono para localizarnos. El número telefónico del lugar de trabajo se indica solamente en caso que se pueda hablar desde él. Si se comparte la oficina con otros colegas, se desaconseja facilitar ese número de teléfono.

• **El estado civil se tiene que indicar sin reservas, así como el número y la edad de los hijos.** Si una empresa no contrata mujeres con hijos menores de seis años, es mejor evitarse una entrevista sin posibilidades de éxito.

• **La situación militar se tiene que indicar.** Si no se ha hecho el servicio militar se deben especificar las razones para evitar errores en ese sentido (sobre todo por enfermedades o disturbios psíquicos). Si se han desempeñado cargos de responsabilidad se tiene que especificar cuáles.

- **La nacionalidad y la ciudadanía las tienen que especificar sólo las personas que:**
— sean ciudadanos extranjeros residentes en el país;
— a causa de un apellido particular o, por algún otro dato, pueda parecer que tenga una nacionalidad extranjera.

Es difícil conseguir un trabajo serio en el extranjero si no se posee un permiso de residencia o de trabajo en el país.

La formación y los estudios. Este apartado describe los estudios efectuados partiendo de la enseñanza secundaria hasta llegar a los cursos de especialización. En caso de que se hubiera conseguido el título de secundaria y no se hubieran finalizado los estudios siguientes (normalmente todo el mundo intenta seguir algún curso superior), conviene indicar los años cursados. El mismo razonamiento hay que aplicar en caso de no haber conseguido la licenciatura pero sí haber cursado algunos cursos en la universidad. Particularmente:

- **Se tiene que indicar el título de secundaria, el año en que se obtuvo, la nota obtenida (si no se pone se pensará que la nota era muy baja).** El lugar donde se cursó se pondrá solamente si se trata de un centro muy conocido.

- **Se especifican siempre las licenciaturas, las especializaciones y la universidad, la nota y el año académico en que se obtuvo.** El título de la tesis se añade sólo si es interesante para la empresa o si se trata de nuevos licenciados en busca de su primer empleo.

• **Se especifican todos los cursos de especialización anotando la duración, el año, las materias y temas tratados, y el lugar.** Es superfluo indicar la nota conseguida cuando se trata de cursos privados que no están reconocidos oficialmente.

Los idiomas. En el apartado relativo a los idiomas se tiene que explicar el nivel de conocimiento de cada uno que se conoce y el modo en que se ha aprendido (cursos, estancias en el extranjero, turismo, etc.). Particularmente:

• **Se tiene que indicar el nivel de conocimiento de cada lengua: «sobresaliente» significa que se tiene un dominio prácticamente perfecto (equivalente a la lengua materna); «muy bueno» significa que se tiene mucha familiaridad con toda la terminología y la gramática; «buena» que se posee una capacidad de comprensión y escritura aceptable; «suficiente» que se tiene una competencia que permite hacerse entender.** El conocimiento escolar de una lengua no aporta desgraciadamente ninguna información sobre el dominio real de la lengua. Es bien sabido que el estudio competente de cualquier materia varía enormemente de una escuela a otra.

• **Los diplomas extraescolares de idiomas se indican solamente si están muy difundidos y son muy conocidos; una estancia en el extranjero sólo se indica si tiene una duración de, al menos, dos o tres meses.** Si no, es suficiente con decir que se ha perfeccionado el conocimiento de la lengua a través de viajes de estudio. Los viajes de turismo no se anotan.

Las experiencias profesionales. El apartado relativo a las experiencias laborales tiene que contener las principales experiencias laborales, el tiempo, la empresa, el sector de actividad, la facturación, el número de trabajadores, el papel y las tareas desarrolladas. Por lo que concierne a la última experiencia laboral —en sentido cronológico— es necesario indicar el cargo, el contrato colectivo aplicado y la retribución bruta al año.

Si no se han tenido experiencias laborales suficientemente significativas (al menos haber trabajado durante tres meses de forma continuada, lo que no tiene nada que ver con el lugar y el modo de pago) se tiene que indicar lo que se ha hecho para demostrar al posible lector que, de todos modos, no nos hemos quedado de brazos cruzados.

- **Las experiencias profesionales se pueden describir:**
  — partiendo de la primera en sentido cronológico hasta llegar a la más reciente;
  — partiendo de la más reciente hasta llegar a la primera en sentido inversamente cronológico;
  — agrupándolas según el tipo de trabajo desarrollado.

- **Si no se tienen experiencias laborales específicas, hay que indicar los trabajos que se han hecho ocasionalmente.**

- **No hay que utilizar terminología muy técnica.** El primer lector del currículum es difícil que sea un técnico, incluso si la demanda es para un perfil de ese tipo. Por ello recordemos siempre que el currículum y sobre todo el contenido de las propias experiencias profesionales deberán ser fáciles de comprender para todos.

- **No hay que utilizar terminología inglesa. Siempre que sea posible, es preferible los términos correctos de nuestra lengua.**

Otras informaciones. Este apartado, que es facultativo, tiene como objetivo evidenciar las propias expectativas profesionales, las características personales particulares y, eventualmente, los conocimientos y competencias particulares adquiridas de forma autónoma y, por lo tanto, no señalados en los apartados anteriores.

• **Conviene indicar el tipo de trabajo que se quiere hacer, en qué sector empresarial, con qué retribución (solamente si se trata del primer empleo).**

• Deben indicarse las aptitudes particulares que creemos poseer y que podrían distinguirnos de la competencia. Realzar las dotes que se supone que está buscando la empresa y que esté interesada en premiar.

• Hay que indicar la disponibilidad que se tiene para realizar desplazamientos y cambios; el carnet de conducir y la posibilidad de residencia en otros lugares del país o del extranjero, etc. Indicar de forma sintética todo aquello que no puede ser escrito en los apartados precedentes y que, en cambio, puede tener un papel importante para la elección por parte de la empresa.

Ejemplos de currículum vitae

JOVEN EN BUSCA DE SU PRIMER EMPLEO

**Currículum vitae
de
Pablo del Valle**

DATOS PERSONALES
Nacido en Toledo el 5 de mayo de 1972
Residente en avda. Montaña, 9-12
20124 Madrid
Teléfono (91) 456.79.52
Localización (91) 667.20.45 al mediodía
Estado civil: soltero
Libre del servicio militar

FORMACIÓN Y ESTUDIOS
Diplomado en ingeniería industrial mecánica el año 1991
con nota de «bien» en el Instituto Quevedo.
Curso de programación Cad en la Institución Crespo —duración de seis meses con dedicación exclusiva— y las siguientes
materias tratadas: sistemas informáticos, *software* aplicado,
Cad 3D, *workstations*, inglés técnico, desde octubre de 1991 a
marzo de 1992.

IDIOMAS
Buen conocimiento de la lengua inglesa, en particular conocimientos de la terminología técnica.

EXPERIENCIA PROFESIONAL
Estancia de prácticas de dos meses, al terminar el curso de formación Cad en la empresa Informatix s. l. de Madrid.

Tareas desarrolladas: encargado de la realización de diseños y proyectos para la construcción del Centro Deportivo Hippicus de Alcorcón (Madrid).

Desde junio de 1992 —Blanco y Servi Engineering— Estudio de Ingeniería especializado en la realización de instalaciones civiles residenciales de Santander.

Tareas desarrolladas: encargado de la realización, a través del sistema Cad, de proyectos de edificación privada.
Cargo: consultor a media jornada.
Retribución: 2,5 millones de pesetas brutas al año.

OTRAS INFORMACIONES
Interesado en perfeccionar las propias competencias en el sector actual, si es posible en una estructura superior que pueda ofrecerme mayores posibilidades de desarrollo profesional.
Gran capacidad de autonomía en el trabajo, excelente capacidad para trabajar sobre Cad, conocimiento de los principios fundamentales en los sectores hidráulicos, eléctricos y electrónicos.
Disposición para realizar desplazamientos y para distintos destinos de trabajo. Coche propio.

PERSONA CON EXPERIENCIA LABORAL
ACTUALMENTE CON TRABAJO

Currículum vitae
de
Marcos García

DATOS PERSONALES
Nacido en Córdoba el 3 de octubre de 1960
Residente en c/ Verdi, 7-23
19126 Valencia
Teléfono particular (96) 659.80.12 (contestador automático)
Estado civil: casado y con dos hijas
Libre del servicio militar

FORMACIÓN Y ESTUDIOS
Selectividad, opción ciencias, realizada en 1979 con nota de «excelente».
Dos años de estudio en la Facultad de Ciencias Políticas de la Universidad de Madrid con cinco materias aprobadas.

LENGUAS
Excelente conocimiento del inglés, perfeccionado a través de una estancia por trabajo en Gran Bretaña.

EXPERIENCIA PROFESIONAL
Desde 1987 hasta la actualidad —Shipmanagement S. A.— Agencia marítima Internacional.
Cargo: responsable del tráfico sudamericano.

Tareas: organización del sector comercial con gestión directa de los principales clientes, coordinación y supervisión de la organización del tráfico, cumplimiento de los trámites aduaneros. Estipulación de seguros, garantías extranjeras y gestión de contratos. Responsabilidad en cinco sectores distintos.

Cargo: director.

Desde el año 1985 al 1987 —Smith Shipping Agency— Agencia marítima de Londres.

Encargado de la organización comercial con los países del sudeste asiático.

Desde el año 1984 al 1985 —R.N.Y.O. Ltd— Agencia marítima de Londres.

Asistente comercial con tareas relativas al cumplimiento de los trámites aduaneros.

1983 —Londres— diversos empleos de carácter ocasional y estacional.

Nota: El apartado «otras informaciones» no se especifica en este caso porque se supone que, debido a la especialización conseguida, el señor García se presenta exclusivamente como candidato para cargos de director.

PERSONA DESEMPLEADA
Y CON EXPERIENCIA LABORAL

Currículum vitae
de
Luisa Antola

DATOS PERSONALES
Nacida en Almería el 15 de abril de 1968
Residente en Valencia, Vía de la Marina, 34
Teléfono vivienda (96) 895.68.97
Estado civil: casada, con un hijo de tres años

FORMACIÓN E IDIOMAS
Diploma del BUP (Bachillerato Unificado Polivalente).
Curso especializado para secretarias de dos años.
Conocimientos básicos del inglés.

EXPERIENCIA LABORAL
Desde el año 1986 al 1988 diversas experiencias como secretaria en pequeñas y medianas empresas, generalmente con
sustituciones por maternidad o enfermedad.

Desde el año 1988 al 1992 —Edilcoop 2000— en Sagunto
como encargada en la oficina central de tareas relativas a la
selección y preparación de documentación.
Retribución: 1.300.000. ptas.

Desde el mes de noviembre de 1992, en busca de trabajo, a
causa de la reducción de personal aplicada por la cooperativa.

OTRAS INFORMACIONES

Interesada en una posición de secretaria.
Excelente preparación en tareas de ofimática (fax, telex, etc.)
y muy buen conocimiento de los procesadores de texto.
Dotes de reserva, discreción, fiabilidad personal y autonomía
laboral.
Amplia disponibilidad de horario.

Los anuncios de demanda de personal y los anuncios por palabras

Los anuncios de oferta de trabajo en los que se pide personal publicados en los anuncios por palabras (concretamente en los periódicos de difusión regional) representan el primer e indispensable canal para encontrar trabajo.

Lo primero que hay que saber es el día de la semana en que se publica el periódico local, o regional, con las ofertas de trabajo. Pero cuidado, porque en los periódicos, algunos días se publican pequeños anuncios por palabras que pueden contener ofertas de trabajo y otros días se publican demandas de personal en secciones destacadas.

Estos últimos son los que se publican en una página especial en el interior del periódico y subdivididas en espacios rectangulares que ofrecen los datos generales de la empresa que busca empleados y el perfil de la persona que están buscando.

En algunos periódicos las páginas de demanda de personal pueden ser diez, quince o más. Estamos hablando, evidentemente, de periódicos de difusión nacional.

Las páginas de demanda de personal se publican normalmente los domingos (y a veces, algún otro día a la semana).

Existen, como decíamos, también los pequeños anuncios. Son aquellos, generalmente numerosos, publicados por palabras en los periódicos (mientras las demandas de personal se pagan por «módulo» de aproximadamente 3 cm ∞ 4 cm, o más) y que abarcan los sectores más diversos: ventas y alquileres de inmuebles, coches, animales, etc.

En la sección de «demandas» se incluyen normalmente muchos anuncios de empresas que buscan personal. Entre estos anuncios se pueden encontrar aquellos relativos a la búsqueda de peluqueras, esteticistas, camareros, operarios, vendedores, empleadas pero también a veces, dirigentes y directivos.

En muchas empresas suele buscarse personal, por ejemplo:

— a través de contactos personales, dirigiéndose a personas de confianza que se cree que conocen a las personas apropiadas y disponibles del mercado;

— luego, si este procedimiento no ha funcionado, publican un pequeño anuncio de demanda de personal en los pequeños anuncios por palabras;

— si todavía no se ha encontrado a la persona justa, las empresas prueban el camino del anuncio de demanda de personal y, si ni siquiera este método funciona, deciden al final, pero sólo como último recurso, dirigirse a una sociedad de consultoría especializada en el sector.

Este procedimiento se aplica para casi todos los cargos del personal, desde el recién diplomado hasta el director de una empresa.

Sobre la base de estas experiencias parece que el consejo fundamental es el siguiente:

• **Conviene leer siempre, todas las semanas y todas las veces que se publican, los anuncios de demanda de personal y también los pequeños anuncios por palabras.**

¿Cuándo buscan las empresas generalmente el nuevo personal a través de los periódicos?

• **La demanda de personal a través de los periódicos llega después de haber intentado todos los otros caminos para encontrar la persona adecuada. En particular cuando el sistema de archivos (tanto empresarial como externo) no ha surtido ningún efecto.**

Por esta razón los pequeños anuncios se dirigen normalmente a los jóvenes en búsqueda de su primer empleo o, al menos a aquellos que cuentan con pocas experiencias de trabajo; en cambio, los anuncios de demanda de personal van dirigidos a personas con experiencia laboral y, por lo tanto, son menos aptos para los jóvenes.

La búsqueda de personal a través de los periódicos (tanto pequeños anuncios por palabras como anuncios de demanda de personal) representan un porcentaje muy alto del total de la búsqueda en todo el Estado.

El proceso de recepción de currículos, por parte, tanto de la empresa como de la sociedad de consultoría, es de la manera siguiente:

— recepción de los currículos;

— localización de los candidatos adecuados y exclusión de todos los demás;

— convocación de las personas preseleccionadas para realizar una entrevista o un test de aptitud;

— elección del grupo de candidatos que se convocarán para una segunda entrevista (normalmente un mínimo de tres y un máximo de 5 candidatos);

— entrevista técnica con el director de personal de la empresa;

— respuesta escrita a todos los que han presentado su candidatura (esto se tendría que hacer siempre, pero normalmente no se hace nunca y únicamente se contesta a los que entraron en la primera selección).

Tanto si se trata de un anuncio de demanda de personal o de los pequeños anuncios por palabras, es interesante saber algunas cosas fundamentales que se enumeran a continuación.

ANÁLISIS DE UN ANUNCIO DE DEMANDA DE PERSONAL

Cuando se abre un periódico que publica en sus páginas los anuncios de demandas de personal, es necesario tener a mano:

— la posición adecuada para poder abrir el periódico en toda su extensión y mirar con atención;

— el tiempo necesario para leer con calma todos los anuncios publicados;

— tijeras, bolígrafo, papel y un clip.

Estos pequeños detalles, aparentemente obvios y banales, son precisamente los que en general, siendo importantes no se tienen en cuenta.

Casi todos, de hecho, leemos los anuncios en el autobús, en la mesa o por la noche después de cenar, cuando el cansancio del día no nos ayuda ciertamente a localizar las oportunidades.

• **A cada página de un periódico que contenga anuncios de demanda de personal tenemos que dedicarle al menos una lectura de 15 minutos.**

Una vez que se han realizado todos los pasos descritos hasta aquí, sólo queda dar un último e importante consejo antes de describir cómo se lee un anuncio de demanda de personal.

Cuidado con no confundir las ofertas con las demandas de trabajo. Con demasiada frecuencia, los usuarios publican anuncios de ofertas en las páginas de demandas para conseguir que les llamen directamente las empresas.

Adoptados todos estos consejos, no queda nada más que leer, analizar y responder a los anuncios de demanda de personal.

Para localizar el anuncio de demanda de personal que nos conviene es necesario:

• Verificar la zona de residencia que se requiere. Si no se indica es que se corresponde con la de la dirección de la empresa o de la sociedad de consultoría que se ocupa de la selección. Si no se pide expresamente la residencia del candidato es porque la empresa acepta los C.V. de los que residen en otros lugares pero que, evidentemente, están dispuestos a trasladarse.

• Descubrir qué requisitos entre los que se piden son indispensables y cuáles, en cambio, sólo tienen preferencia respecto a otros.

Cada uno de los cargos de una empresa necesita de hecho tener algunas habilidades indispensables y otras que están en relación al ambiente de trabajo, a la tipología de la empresa, etcétera. A veces estas características no se especifican totalmente en el anuncio, ya sea porque las empresas no son capaces de «construir» su propio anuncio, o porque tales habilidades se dan por supuestas. Puesto que este problema de comprensión se presenta con demasiada frecuencia, es bastante útil informarse primero sobre las tareas previstas para el puesto que se desea cubrir.

• Ver qué habilidades, capacidades o potencialidad se posee por encima del perfil ideal descrito en el anuncio. Estos elementos añadidos, aunque no se requieran y, probablemente no sean importantes para el trabajo profesional, pueden representar un elemento de interés para la empresa o, simplemente, para quien decide a quién debe convocar a las entrevistas en la empresa.

• Comparar si las condiciones ofrecidas por la empresa (lugar a ocupar dentro de la empresa, sueldo, beneficios sociales, etc.) se corresponden con las propias expectativas.

Un anuncio de demanda de personal es interesante y, por lo tanto, será oportuno presentarse como candidato, si nuestro perfil se parece al que se requiere. Representa un error grave responder solamente a los anuncios que describen un perfil idéntico al nuestro: ese tipo de anuncios es prácticamente inexistente o, de todos modos, muy raro.

Es oportuno responder a un anuncio si:

— la sede del trabajo es compatible con las necesidades propias;

— las características ideales descritas corresponden en su mayoría con nuestras características personales y profesionales;

— las condiciones ofrecidas son interesantes o nos lo parecen.

¿Pero para qué sirven, las tijeras, el bolígrafo el papel y la pinza? Principalmente para construir un archivo organizado de los anuncios de demanda de personal a los que se responde. La búsqueda de trabajo es en sí misma una operación que pide tiempo; es necesario, pues, ser organizado y ordenado para evitar equívocos y, sobre todo, una equivocación en la entrevista con la empresa que, cuando convoca un mes después de la publicación del anuncio (si todo va bien), no entiende que el interlocutor (es decir, el candidato) pregunte: «¿Pero qué anuncio, para qué cargo?»

Para evitar que suceda algo similar es necesario recortar el anuncio, engancharlo en hojas e indicar en ellos la fecha de publicación y, si se utilizan currículos distintos para diferentes demandas, qué tipo de C.V. se ha enviado.

Los anuncios se archivan luego en orden cronológico teniendo presente que el tiempo de respuesta es muy variable —de quince días a tres meses— y que se ha puesto de moda la mala costumbre de no responder a las personas que no son convocadas a las entrevistas. Esto explica el epígrafe que cada vez con más frecuencia se ve en los anuncios: «Si dentro de un mes no se recibe respuesta, la selección tendrá que entenderse como cerrada.»

LA RESPUESTA A UN ANUNCIO
DE DEMANDA DE PERSONAL

Cuando se localiza un anuncio interesante, cuyas características principales corresponden con las nuestras y se desea presentarse como candidato, es correcto enviar el propio currículum vitae junto a una carta de presentación.

La carta de presentación tiene que ser muy sintética y breve, y tiene que ser posible separarla del currículum sin que por ello se pierdan datos de la propia candidatura. La carta no debe contener informaciones importantes que no se encuentren ya en el currículum vitae. De hecho, cuando se responde a un anuncio de demanda de personal, la carta de presentación es sólo un gesto de buena educación y cortesía y puede servir en la medida en que ayude al lector a descubrir inmediatamente las características fundamentales de la persona que escribe. Tales informaciones, de todos modos, tendrán que estar presentes también en el C.V.

La carta de presentación tiene que estar unida al C.V. mediante una grapa para evitar que se pierda en el momento de abrir el sobre; si las respuestas recibidas fueran muchas, tiene que poderse separar del currículum vitae.

Ejemplos de carta de presentación

**CARTA DE RESPUESTA A UN ANUNCIO
DE DEMANDA DE PERSONAL PUBLICADO
POR UNA EMPRESA DE CONSULTORÍA**

(nombre y apellidos)
(dirección)
(código postal y ciudad)

B.M. Consulting
C/ ....
20121 Madrid

Fecha

Asunto: Su anuncio aparecido en *El Diario Regional* el pasado 30 de abril, con referencia Gh87/93

Distinguidos señores:
En referencia a su anuncio señalado más arriba, para el cual creo reunir las características requeridas, les envío mi currículum vitae.

He adquirido una buena experiencia como secretaria comercial con dominio del inglés y del alemán, con una particular formación en esta última lengua de la que tengo un buen dominio de la terminología técnica del sector.
Si no les pareciera oportuno convocarme para este puesto específico, les agradecería que incluyeran mis datos más recientes, relativos a mi candidatura, en su archivo, puesto que ya fui preseleccionada por su sociedad en el 1991.

Aprovecho la ocasión que me brindan para enviarles mis más distinguidos saludos.

Jessica Blanca López

CARTA DE RESPUESTA A UN ANUNCIO DE DEMANDA DE PERSONAL PUBLICADO DIRECTAMENTE POR LA EMPRESA

(nombre y apellidos)
(dirección)
(código postal y ciudad)

Ferrotubo S. A.
C/ ....
Castellón

Fecha

Asunto: Su anuncio publicado en el periódico *La Gaceta de Levante* del pasado 30 de abril, con referencia **secretaria comercial**

Distinguido Director:

Como respuesta a su anuncio le envío un breve currículum vitae.

Me gustaría subrayar en esta carta mi colaboración ocasional en la traducción de textos y manuales técnicos para la CDF, empresa que creo que trabaja en su mismo sector. Esta colaboración la realizo fuera de mis actividades normales y se interrumpiría en el caso que su empresa estuviera interesada en mi candidatura.

Le confirmo además que no tendría ningún problema en aceptar un eventual trabajo en Alicante.

Esperando recibir su respuesta lo más pronto posible, le envío mis más cordiales saludos.

Jessica Blanca López

CARTA DE RESPUESTA A UN ANUNCIO DE DEMANDA DE PERSONAL PUBLICADO EN LOS ANUNCIOS POR PALABRAS

(nombre y apellidos)
(dirección)
(código postal y ciudad)

Apartado de correos, 45
20124 Madrid

Fecha

Asunto: su anuncio publicado el pasado 30 de abril, con referencia **secretaria comercial**

Distinguidos señores:

Les adjunto mi currículum vitae con la esperanza de que se ajuste al perfil que solicitan.
Permanezco a su disposición para un eventual encuentro y aprovecho para enviarles mis más distinguidos saludos.

Jessica Blanca López

- La carta, a diferencia de lo que se ha dicho para el currículum, tiene que estar escrita a mano; sólo se debe escribir a máquina si nuestra escritura es realmente ilegible.

- La carta y el currículum tienen que enviarse por correo normal. Si la empresa lo pide se puede remitir por vía de urgencia. No es necesario utilizar el correo certificado con aviso de recibo. En algunos casos, si se puede, es oportuno utilizar el fax (podemos dirigirnos a empresas que dispongan de este servicio).

- Tanto la carta como el sobre deben indicar la referencia de la demanda. Si no tiene referencia es correcto indicar el nombre del cargo a ocupar.

- No es necesario llamar a la empresa o a la sociedad de consultoría para saber si se nos ha convocado para la entrevista. Se puede telefonear sólo si, después de haber hecho la primera entrevista y pasado un mes, no se recibe ninguna respuesta.

- No tenemos que esperar ninguna respuesta a nuestra carta, si no hemos sido convocados a una entrevista; si llegase una, se trataría de la excepción que confirma la regla. La verdad es que las empresas no responden a los candidatos a los que no ha convocado para una entrevista.

Carta de propuesta de candidatura

La carta de propuesta de candidatura representa el medio tradicional con el que los jóvenes, en cuanto acaban los estudios, intentan introducirse en el mercado laboral.

Hasta hace pocos años, este tipo de carta tenía poco éxito, sobre todo entre las grandes empresas.

Un ingeniero industrial con buenas notas, un ingeniero electrónico, una contable con cierta experiencia recibían normalmente, en respuesta a su carta, un cuestionario de tipo informativo que debían rellenar y devolver a la empresa que, más tarde, convocaba a una primera entrevista personal.

Esta práctica, que han utilizado numerosas empresas, ha caído hoy en cierto abandono y las empresas ya no siguen este método para seleccionar personal. Paradójicamente incluso un ingeniero tiene problemas ahora para localizar puestos de trabajo adecuados a sus estudios.

Entonces: ¿La carta de propuesta de candidatura es absolutamente inútil?

No. La carta de propuesta de la candidatura puede llegar a ser muy útil a condición de que se acepte una posibilidad de éxito de alrededor del 2%. Es decir, sobre 100 empresas a las que se escriba, dos podrían conceder una entrevista o enviar un cuestionario detallado.

De todos modos, como todos los jóvenes continúan sobrecargando el sistema de correos en cuanto terminan de estudiar, es oportuno dar algunas breves informaciones para convertir en más eficaz este sistema de búsqueda de trabajo.

La carta de propuesta de candidatura debe tener los siguientes requisitos:

• Tiene que estar escrita a mano para permitir que se realicen posibles análisis grafológicos (o el análisis de las características de la personalidad a través de la escritura).

• Tiene que indicar siempre el lugar que se desea ocupar dentro de la empresa.

• Tiene que ser breve, sin tener una extensión superior a una página.

• Tiene que tener un destinatario identificado. No hay que mandar nunca una carta de propuesta de candidatura a una empresa u oficina sin dirigirla a una persona en concreto. Prácticamente todos los trucos que no violen ninguna norma de cortesía, son válidos para obtener el nombre de la persona que se ocupa de la selección: normalmente es suficiente con hablar con la telefonista y pedir el nombre del responsable del personal.

• Tiene que aportar todos los datos del remitente: es preferible disponer de papel con los datos propios impresos.

La carta de propuesta de candidatura tendrá que estar además:

— redactada en hojas blancas de calidad y no sobre papel de color;

— fotocopiada antes de ser enviada y archivada en el apartado de «búsqueda de trabajo»;

— firmada;

— sellada siguiendo la normativa o entregada personalmente.

Dos ejemplos de carta de propuesta de candidatura

CARTA DE PROPUESTA DE CANDIDATURA GENÉRICA

(nombre y apellidos)
(dirección)
(código postal y ciudad)

(nombre de la empresa)
(dirección)
(código postal y ciudad)

Fecha

(nombre y apellidos del destinatario)

Asunto: demanda de inserción del C.V. en el archivo de la empresa

Distinguido señor:

Junto a la presente le envío mi currículum vitae con la esperanza de que ello pueda favorecer una entrevista.

Mi experiencia laboral ha sido, hasta ahora, escasa y ocasional (ha sido obtenida simultáneamente con los estudios); creo, de todos modos, que ya he adquirido una buena capacidad de trabajo y una adaptabilidad bien alta.

Le agradezco de antemano la atención que me dedica y le agradecería que incluyera mi C.V. en su archivo y aprovecho la presente para enviarle mis más cordiales saludos.

Marcos Rojo

CARTA DE PROPUESTA DE CANDIDATURA ESPECÍFICA

(nombre y apellidos)
(dirección)
(código postal y ciudad)

> (nombre de la empresa)
> (dirección)
> (código postal y ciudad)

fecha

> (nombre y apellidos del destinatario)

Asunto: envío de C.V. para el puesto de encargado de mantenimiento.

Distinguido señor:

Junto a la presente le adjunto mi currículum vitae para una eventual búsqueda por su parte, en el presente o en el futuro, de un encargado de mantenimiento.

El verano pasado conseguí el diploma de ingeniero electrotécnico, he tenido algunas experiencias ocasionales que me han acostumbrado al trabajo y que me han demostrado que poseo una buena capacidad en el área de mantenimiento eléctrico y mecánico.

Habiendo llegado a mi conocimiento que el mantenimiento es un asunto muy importante en su empresa, me he permitido remitirle mi C.V., mientras le agradezco de antemano su atención y aprovecho para mandarle mis más distinguidos saludos.

Marcos Rojo

Obtención de información a través de distintos canales

Normalmente lo más difícil de conseguir cuando se busca un trabajo es la obtención de informaciones correctas.

Ya hemos descrito antes (véase «Cómo conocer el mercado laboral») algunos de los canales para obtener este tipo de información. Recordémoslos brevemente. Se trata de:

— anuncios de demanda de personal;

— artículos publicados en revistas y periódicos;

— crónicas ciudadanas;

— estudios estadísticos y proyecciones macroeconómicas;

— clasificación de las empresas;

— rumores locales;

— publicidad.

Existen otros canales, más sofisticados, que pueden ser utilizados cuando se busca trabajo o cuando se recibe una oferta real de trabajo, para obtener mayores informaciones sobre la empresa.

Se trata de informaciones que se pueden encontrar a través de:

• Asociaciones empresariales (industriales, artesanales, etc.). Estas asociaciones publican generalmente relaciones de empresas inscritas que describen la producción, la facturación, el número de empleados, etc.

• Cámaras de comercio e industria. También las cámaras de comercio disponen de relaciones de empresas inscritas. Generalmente estas informaciones se tienen que pagar (tanto para las relaciones globales como para los detalles de cada empresa). Este servicio puede ser de gran utilidad cuando se recibe una oferta de trabajo con la finalidad de saber cómo está formado el consejo de administración, cuándo nació la empresa, etc. Será suficiente presentarse en la oficina correspondiente y pedir la información sobre la empresa que nos interesa.

• Registro de las asociaciones profesionales (arquitectos, ingenieros, etc.). Los registros de los profesionales indican, de hecho, sobre cada uno de ellos, sean o no empresas, a qué actividad se dedican. Por la misma razón son muy útiles los registros de los directores de las empresas. Pero todos estos últimos datos son muy difíciles de encontrar (por motivos obvios de discreción).

• Publicaciones especializadas que indican, a nivel nacional, la relación de empresas subdivididas por sectores, número de empleados, nivel de facturación, etc. Se trata en particular de guías, aunque a veces, debido a su precio se aconseja consultarlo en bibliotecas locales.

• Sistemas telemáticos de introducción reciente. Se trata en particular del Videotel, gracias al cual es posible, por ejemplo, obtener la relación de las empresas operantes en un determinado sector y situadas en una zona geográfica concreta.

• Bancos de datos telemáticos. A diferencia del Videotel, para consultar estos bancos de datos más sofisticados, es necesario disponer de un ordenador personal o de una conexión por módem (a través del teléfono) además de una cierta disponibilidad económica para comprar el acceso a estos bancos de datos.

Los cursos de formación posgrado

Los cursos de posgrado después de obtener el título son un buen sistema para encontrar trabajo y, sobre todo, para adquirir algunas competencias especializadas que la escuela normalmente no está en condiciones de garantizar.

Puestos en marcha en el año 1970 gracias al nacimiento del Fondo social europeo, estos cursos alcanzaron una fuerte incidencia en los años ochenta. Actualmente se organizan y realizan prestando mucha atención a las exigencias reales de las empresas, de manera que se produce una especialización de las entidades de formación.

Al principio, de hecho, la institución que coordinaba estas actividades de formación, proporcionando incluso la financiación, podía confiar a una entidad de formación cursos muy distintos entre sí. Actualmente, en cambio, se tiende a hacerlo de manera que los organicen entidades particularmente organizadas para realizar cursos en ámbitos concretos, sean turísticos, informático o de gestión.

Los cursos de formación profesional están dirigidos normalmente a distintos sectores.

Primera formación o formación dirigida a jóvenes que sólo poseen el título de enseñanza secundaria. Se trata de cursos de formación para profesiones específicas como electricista, dactilógrafa, carpintero, etc.

La tendencia es a la baja en estos cursos, puesto que ha disminuido mucho el número de jóvenes y también el número de jóvenes con sólo el título de secundaria.

Estos cursos los organizan directamente el Estado a través de la escuela pública y las instituciones privadas y en los centros de formación profesional.

Segunda formación para jóvenes diplomados o licenciados menores de 25 años y sin trabajo. Esta franja representa la parte más consistente de las intervenciones de formación previstos. En general ofrece cursos de informática, mantenimiento, automatismos industriales, sistemas de calidad, gestión empresarial, márketing, comercio y turismo.

Otros cursos, mucho más especializados, se organizan luego en función de la problemática local y de las investigaciones estadísticas llevadas a cabo cada año por los observadores del mercado laboral y por las agencias para el empleo.

Todas estas intervenciones formativas tienen una duración media de cinco meses, cona un frecuencia de varios días a la semana y una estancia de prácticas de más o menos dos meses de duración en la empresa, al final del curso. En cada curso participan quince alumnos de los que, de forma general, podemos afirmar que un 40% encuentra trabajo gracias al curso (de hecho es bastante frecuente que la empresa donde se han efectuado las prácticas ofrezca luego una oportunidad de trabajo). La información acerca de estos cursos en los propios centros de formación profesional, o bien a través de los anuncios en la prensa o en la institución estatal que coordina la financiación. Los cursos se programan a lo largo de todo el año y los hay de diferente duración y de temáticas muy diferentes.

Pero, de todos modos, la variedad de los cursos propuestos en muchos casos genera una cierta confusión en los jóvenes que deciden probar este camino.

No es raro, de hecho, encontrar un joven que intenta entrar en cursos absolutamente dispares, por ello antes de inscribirse en la selección para un curso de este tipo es necesario dirigirse a la entidad de formación y pedir al responsable del curso todas las informaciones útiles para descubrir si se trata verdaderamente del camino adecuado y del curso que podrá realmente facilitarle la búsqueda del trabajo. Un buen informático no será necesariamente un buen administrador y viceversa.

Segunda formación para mujeres mayores de 25 años y sin trabajo. Este tipo de cursos, nacidos detrás de la estela de la experiencia francesa *retravailler*, tiene como finalidad favorecer la reintegración laboral de mujeres que por motivos familiares han interrumpido anteriores experiencias laborales.

Se trata de cursos de orientación al trabajo para facilitar la adaptación a las nuevas profesiones que sean más aptas a las características o aptitudes de cada persona, o de cursos de formación que tienen la finalidad de reconducir las precedentes experiencias laborales y adaptarlas a las exigencias actuales de las empresas.

Formación para los trabajadores que han pasado a los fondos de desempleo y están en las relaciones de transferibles. Estos cursos, aparecidos debido al aumento de las dificultades laborales, tienen la finalidad de favorecer la efectiva inserción profesional de los trabajadores de empresas en crisis. Su organización y los contenidos varían en función de las exigencias concretas y de la tipología de las empresas presentes.

Para obtener todas las informaciones relativas a la formación profesional es necesario dirigirse a la comarca o a los centros de formación profesional.

Una advertencia muy importante: no es necesario abandonar la búsqueda del trabajo mientras se asiste a uno de estos cursos. Al contrario, es una buena idea pedir a los responsables de los cursos que colaboren en esta búsqueda. El éxito los hará felices incluso a ellos, puesto que la calidad de los cursos se valora también en base al tanto por ciento de alumnos que encuentran trabajo a partir del curso.

Los medios para encontrar trabajo

• Existen muchos medios para encontrar trabajo. Sobre todo en los períodos de crisis laboral es necesario intentar transformar los tradicionales medios de búsqueda en medios innovadores;

• El currículum vitae es el medio más importante: por esta razón su realización reclama mucha atención e intuición.

• Los aspectos importantes del currículum vitae son dos: la forma y el contenido. Ambos son indispensables para alcanzar el éxito.

• El contenido del currículum vitae se tiene que dividir en apartados, y debe incluirse un apartado propio para otras informaciones.

• Los anuncios de demanda de personal representan los primeros canales que hay que utilizar para buscar trabajo: se tienen que leer y analizar regularmente.

• Para saber a qué anuncio responder no es necesario *buscarse* en el anuncio, sino entender si, y en qué medida, podemos adaptarnos a el.

• El currículum de respuesta a un anuncio tiene que ser específico para él. Cada currículum tiene que ir acompañado de una carta.

• La propuesta de candidatura representa otra forma para encontrar trabajo. Las posibilidades de éxito de este sistema disminuyen mucho en los períodos de crisis laboral.

Las cartas de propuesta de candidatura deben tener, de todos modos, unas características específicas.

• De todos modos es indispensable obtener el mayor número de informaciones sobre las empresas de la propia zona de interés. Existen numerosos sistemas y canales para obtener esta información.

• Mientras se busca trabajo, y para aumentar las propias competencias, es muy útil intentar asistir a un curso de formación profesional financiado por la Unión Europea o por las propias comunidades autonómicas.

La relación con la empresa

El paso final en la búsqueda del trabajo es el encuentro con la empresa. Este encuentro se divide normalmente en distintos momentos, a menudo incluso distantes entre ellos.

Para aquellos que buscan el primer empleo, este momento es una especie de acontecimiento inalcanzable, por ello cuando llega se presentan con una carga tal de ansiedad que puede llegar a hacer peligrar la entrevista.

Por este motivo es conveniente saber con anticipación lo que piden las entrevistas empresariales, qué personas nos encontraremos y qué comportamiento hemos de adoptar para aumentar las probabilidades de éxito.

Una primera consideración:

> **Si todos los pasos anteriores se han cumplido con atención, valorando los aspectos positivos y negativos tanto de la posición como de la empresa, es difícil tener sorpresas inesperadas en la fase de la entrevista.**

La relación con la empresa normalmente se realiza en dos fases:

— entrevista de selección;

— entrevista técnica (durante la cual se definen los aspectos referentes al contrato y a la retribución).

A continuación empieza el período de prueba.

La entrevista de selección

La entrevista de selección representa el primer encuentro directo con la empresa. Normalmente está dirigido por la oficina de personal y por lo tanto de una persona que podrá ser o el responsable de la selección o su ayudante.

La primera entrevista, individual o en grupo, podrá ir precedida por una sesión en la que se realice uno o más test de aptitud. Por este motivo es oportuno preguntar, en el momento de la convocatoria, si se ha previsto hacer también un test o una entrevista de grupo.

Esto también sirve para calcular el tiempo necesario. Una sesión de test necesita al menos de una hora y media, una entrevista de grupo casi dos horas, mientras una entrevista personal no llega a una hora.

Existen distintos tipos de **test de aptitud.** Normalmente tienen la finalidad de localizar habilidades y capacidades específicas necesarias para el puesto a ocupar. Por ejemplo: la capacidad de razonamiento espacial o matemático.

Existen también algunos test que tienen como finalidad poner de manifiesto las características de la personalidad. Generalmente se presentan en grupos de dos o tres tipos de test cada uno.

Con respecto a los test de aptitud podemos hacer una importante recomendación: es inútil y sobre todo perjudicial intentar mentir. No existen trucos posibles y es prácticamente imposible copiar.

La única y verdadera recomendación es afrontar la sesión de test con mucha calma y tranquilidad. Por esta razón es importante saber primero si están previstos en la entrevista o no, para prepararse psicológicamente.

La **entrevista de grupo** viene a continuación de la fase de los test de aptitud.
La entrevista de grupo tiene la finalidad de:

— valorar el comportamiento y la actitud de cada participante y la capacidad de relacionarse en el interior del grupo;

— analizar los comportamientos no controlados del individuo que, sintiéndose protegido por el grupo, tiende a dejarse ir mucho más de lo que lo hace en la entrevista personal;

— valorar la capacidad de cada uno, el método de trabajo y la implicación en el grupo.

En la entrevista de grupo participan unas diez personas que, después de presentarse individualmente al grupo y a los examinadores, tendrán que hablar de un tema cualquiera propuesto por el observador, hacer un juego de sociedad o resolver un enigma, etc.
Hemos de recordar que el contenido del debate y la solución de los juegos no tienen mucha importancia para la entrevista en sí misma.
La tensión se centra esencialmente en los comportamientos.
Y por lo tanto en ver:

— quién habla y cómo habla;

— quién organiza el grupo, es decir quién proporciona un método de trabajo;

— quién presta una atención real a los otros;

— quién es un líder (es decir, quién convence mediante el razonamiento y buscando la adhesión de todos);

— quién no es un líder (es decir, quién quiere imponer sus propias ideas).

La mayor parte de los jóvenes ha participado en este tipo de entrevistas y por lo tanto conoce estos mecanismos.

Dos recomendaciones son importantes para administrar de la mejor forma posible esta situación selectiva.

1. Evitar forzar los propios comportamientos y la propia actitud. Un buen observador se da cuenta siempre de la falta de naturalidad de los participantes y no saca de ello muy buenas impresiones.

2. Evitar implicarse excesivamente en el problema propuesto (aunque si se nos pide, en el fondo tenemos que llegar a una solución) y prestar una atención extrema a la modalidad con la que se alcanza la solución. Es decir, que es necesario intentar llegar a ser al mismo tiempo observadores del grupo.

Después de los test de aptitud y de la entrevista de grupo se llega a la **entrevista personal.**

Este encuentro, que puede hacerse tanto con el responsable del personal de la empresa como con el consultor encargado de la selección, puede ser el primer encuentro de la selección.

> La entrevista personal para conocer la motivación es indispensable en una selección. Puede realizarse prescindiendo de los test de aptitud y de la entrevista de grupo.

La entrevista personal tiene como finalidad poner de manifiesto la existencia de elementos de carácter, de comportamiento y de motivación indispensables para que la posición que se está buscando sea cubierta con plena satisfacción, tanto por parte de la empresa como por parte del candidato.

En esta fase de la selección, por lo tanto, no se ponen de manifiesto las competencias técnicas que, desde el momento que el candidato ha mandado un currículum vitae, se dan por descontadas y se verificarán más adelante.

La preocupación del candidato por lo que se refiere a la entrevista personal tiene que centrarse en la propia capacidad para transmitir seguridad, sentido de la profesionalidad, tranquilidad de ánimo, honestidad personal y profesional, etc.

El éxito de una entrevista individual (que consiste en ser convocado a una entrevista técnica posterior) no está determinado principalmente por haber convencido al interlocutor de ser la persona más preparada técnicamente entre el grupo de los convocados, sino más bien por haber dado la impresión de que entre los entrevistados, es la persona más equilibrada, dotada de buen juicio, con muy buena conciencia de sus límites y con deseos de ascender profesionalmente. De manera que el entrevistador pueda llegar a la conclusión de que: «Aunque no tiene la experiencia profesional que se requería, vale la pena presentarlo para una segunda entrevista.»

Este razonamiento es más frecuente de lo que se cree. El que se ocupa de la selección sabe que, no obstante el desempleo, es muy difícil encontrar al candidato perfecto para cada selección.

Muy a menudo es necesario alcanzar algunos compromisos y se acaba presentando a la empresa un grupo de candidatos (generalmente tres o cinco) que poseen características profesionales muy elevadas, pero quizá rasgos de comportamiento no muy deseables y algunos con rasgos de la personalidad muy buenos y una profesionalidad aún por perfeccionar.

Por este motivo aconsejo a todo el mundo que responda y se presente como candidato para todas los puestos que se aproximan a su perfil aunque no sean los candidatos perfectos.

Pero, ¿cómo se desarrolla una entrevista personal? ¿Qué aspectos se quiere investigar? ¿A qué conclusiones se llega?

La entrevista personal para analizar la motivación, si no va precedida de la prueba de test y de la entrevista de grupo, surge de la lectura y el análisis del currículum vitae.

La persona (o el equipo) encargada de la selección tiene, de hecho, muy claro el perfil del candidato que busca. La exactitud de este perfil está unido al trabajo de análisis y a la necesidad de la empresa que se ha desarrollado con anterioridad y al propio organigrama de la empresa. Este tipo de análisis preliminar no siempre desarrolla correctamente: el encargo de la selección a una sociedad externa de consultoría o a la oficina interna generalmente es sinónimo de seriedad y de claridad de ideas.

Este análisis resulta mucho más difícil a causa de los cambios de planteamiento durante la selección si la desarrolla una persona no cualificada como sucede bastante frecuentemente en las pequeñas y medianas empresas. Cuando el que define el

perfil es el empresario o, peor todavía, el responsable administrativo o el encargado de la administración, se ven obligados a
cambiar el perfil muchas veces antes de llegar a encontrar a la
persona justa.

Cuando el que define el perfil es el empresario, normalmente se tiene que buscar a la persona prácticamente perfecta
(y por lo tanto inexistente), es decir, al candidato muy competente, lleno de disponibilidad y fiabilidad total y con demandas
de retribución muy bajas. En el segundo caso, cuando el perfil
lo define el responsable administrativo, tiene que buscarse una
característica única en el candidato ideal: ¡Que cueste muy,
muy poco!

Estos dos ejemplos muestran la dificultad del trabajo de análisis
y definición del perfil: todavía más compleja es la búsqueda del
personal que posea todas o una parte importante de las características requeridas.

> **La lectura del currículum vitae es, pues, el paso en el que se
> busca la mejor correspondencia entre el perfil ideal (sea
> como sea que se ha decidido) y las candidaturas recibidas.
> Por estas razones es indispensable que el currículum vitae
> se realice en función de cada búsqueda y que transmita la
> información justa y efectivamente correspondiente con la
> personalidad del que escribe.**

Entre los que responden a un anuncio o se presentan como candidatos a un puesto, generalmente se convoca a aquellos que:

— se corresponden perfectamente con el perfil requerido (casi
uno entre treinta);

— se acercan, sobre todo por las experiencias profesionales, al
perfil requerido.

Suponiendo que cien personas se presenten como candidatos para un mismo puesto, se convocarán unas quince o veinte personas.

Este número es ya muy elevado y no varía mucho en función del número de respuestas. Incluso en los casos en que las candidaturas superen las doscientas, las entrevistas personales no son nunca más de treinta o cuarenta. Esto suponiendo que no se haga el test de aptitud o la entrevistas de grupo que, al ser costosos, no se utilizan siempre.

Si se responde, por ejemplo, a un anuncio de demanda de secretaria para un estudio profesional o para una empresa que no pide experiencia laboral, el numero de respuestas, sobre todo en las ciudades, superará seguramente las trescientas. Puesto que es impensable entrevistar a tantas personas y como la preparación académica no será suficiente para realizar una primera selección, es indispensable responder inmediatamente, de manera que nuestro propio currículum vitae sea uno de los primeros que se leerán.

Enumeradas estas premisas, veamos de qué partes se compone una entrevista personal para conocer la motivación.

La entrevista personal y el análisis de las aptitudes está subdividida en algunas partes que son:

Preguntas relativas a los datos generales y a los estudios. Las preguntas pueden ser, por ejemplo:

- *Hábleme de su vida ¿Cuáles han sido los episodios más importantes que ha vivido? ¿Cómo los afrontó?*

- *¿Cómo ha sido su vida familiar? ¿Cómo es ahora?*

- *¿Qué profesión desarrollan sus familiares? ¿Qué piensa sobre ello?*

• *Hábleme de sus estudios. ¿A partir de qué bases ha optado por este tipo de estudios? ¿Volvería a escoger lo mismo?*

Estas preguntas tienen la finalidad de:

— obtener informaciones y verificar la coherencia respecto al currículum y al perfil ideal;

— disminuir la tensión del candidato;

— verificar el grado de equilibrio de la personalidad y la aceptación de la vida pasada y de las elecciones hechas;

— conocer al candidato.

Preguntas relativas a las características de la personalidad. Las preguntas pueden ser, por ejemplo:

• *¿Se ha encontrado alguna vez en una situación particularmente difícil? ¿Cómo ha reaccionado?*

• *¿Cuál es su peor defecto? ¿Cuál es su mejor virtud?*

• *¿Cuál es su escala de valores? ¿Qué es un valor para usted?*

Estas preguntas tienen la finalidad de:

— conocer la opinión del candidato respecto a algunos valores que, probablemente, son importantes para la empresa;

— verificar el nivel de coherencia del candidato; este tipo de preguntas a menudo esconden una trampa: sucede a menudo que se encuentran jóvenes que afirman que el valor más importante para ellos es el trabajo y que más tarde reconocen tener una novia desde hace algunos años y que están esperando encontrar trabajo sólo para finalmente poderse casar;

— verificar el tipo de reacción, incluso emotiva, a preguntas a veces personales y delicadas.

Preguntas relativas a la historia profesional. Las preguntas pueden ser, por ejemplo:

• *¿Por qué ha decidido realizar determinadas opciones profesionales?*

• *¿Cuáles son los aspectos que más aprecia de su trabajo? ¿Cuáles son los que soporta con más dificultad?*

• *¿Cuáles son las habilidades personales indispensables para desarrollar de forma óptima su profesión? ¿Cuáles, en cambio, las preferentes? ¿Cree usted que posee estas características?*

• *¿Qué significa para usted ser... (una determinada profesión)?*

• *¿Si pudiera retroceder en el tiempo, realizaría las mismas opciones profesionales?*

• *¿Cómo está programada su jornada profesional, desde que entra hasta que sale de la oficina?*

Estas preguntas tienen la finalidad de:

— situar, con grandes líneas, la historia profesional del candidato;

— verificar la coherencia entre las competencias que posee y las que requiere la empresa seleccionadora;

— captar el nivel de coherencia entre las características personales, la motivación para el trabajo y la historia profesional anterior;

— poner de manifiesto las principales características profesionales (áreas de mayor interés y competencia; actividad y cargos preferentes, etc.);

— preparar el terreno para una eventual entrevista técnica; es decir ver hacia qué temas dirigir al responsable empresarial si decidiera encontrarse con el candidato.

Preguntas del candidato. La última parte de la entrevista de selección para analizar el tipo de motivación está generalmente reservada a las preguntas del candidato.

El que se presenta por primera vez a una entrevista de selección no está normalmente preparado para las preguntas del seleccionador: «¿Tiene usted preguntas para hacerme?», por lo que responde, después de un instante de «pánico», que no tiene ninguna (hasta que al salir de la habitación se da cuenta de que tenía muchas preguntas para hacer y que además se ha comportado de forma poco favorable para ser seleccionado).

Los que en cambio ya han pasado por una entrevista de selección y ya tienen experiencia laboral, llevan a cabo una especie de interrogatorio del seleccionador, preguntando sobre cosas que a veces no son de su competencia.

La finalidad de esta fase de la entrevista de selección es:

— proporcionar información al candidato (si lo requiere);

— llegar a posteriores niveles de comprensión de la motivación del candidato en base al tipo de preguntas que hace;

— verificar el nivel de iniciativa y el nivel de madurez del candidato.

Este último aspecto representa un elemento importante de la selección: del candidato que no hace ninguna pregunta se puede pensar o que es muy tímido y que se le ha cogido por sorpresa o que es excesivamente pasivo o escasamente activo. Si el candidato ya tiene experiencia laboral es correcta la segunda interpretación; si está buscando su primer empleo es correcta la primera.

Los que ya han trabajado, conocen perfectamente las reglas del juego y saben que existen numerosos factores críticos que pueden hacer que un trabajo sea placentero o no. Saben también que en la primera entrevista se pueden poner sobre la mesa todas las cartas, sobre todo si quien se ocupa de esta parte de la selección pertenece a una sociedad de consultoría (y por lo tanto no pertenece a la empresa). En esta fase se tienen que profundizar, pues, las informaciones sobre la empresa, saber el funcionamiento del último año, sus objetivos futuros, el tipo de papel de las tareas previstas, los tiempos reales para obtener una respuesta, el salario previsto, etc.

La sugerencia es hacer entre dos y cuatro preguntas al interlocutor, verificando de todos modos con atención su reacción. Si les parece que se pone nervioso (porque quizá se le están haciendo preguntas a las que no está en condiciones de responder) es mejor no continuar.

Las preguntas podrían ser:

• *¿Cómo ha funcionado la empresa este último año? ¿Se han hecho inversiones? ¿En qué sectores?*

- *¿Cuál es el puesto previsto para que desarrolle el nuevo empleado? ¿Es favorable el ambiente y se acepta bien la integración de un nuevo empleado?*

- *¿A quién se adjudicará el recién llegado? ¿Qué compañeros de trabajo tendrá?*

- *¿Cuáles serán sus tareas?*

- *¿Qué tiempos están previstos para concluir la selección? ¿Puedo telefonear yo, si no recibo ninguna respuesta antes del...?*

Dos recomendaciones importantes

1. No se ha de pedir nunca el nombre de la empresa si el seleccionador no lo dice.

2. No se aconseja hablar de salario si no afronta el tema el interlocutor (acuérdense de que la empresa sabe lo que ganan —currículum vitae o ficha de selección— y generalmente el que cambia de trabajo lo hace para mejorar también su situación económica).

Está bien recordar que, de hecho, en las sociedades de consultoría que se ocupan de selección de personal o en las empresas de mayor dimensión, es una costumbre, aunque se haya recibido un currículum vitae, pedir que se rellene una ficha de selección.

Estas fichas se han de llenar por completo, sin dejarse ninguna información (incluso las que aparentemente nos parezcan extrañas) e incluso si nos parece que repetimos la información que ya hemos descrito en el currículum vitae. Su función es la de sistematizar las informaciones relativas a los candidatos con la finalidad de archivarlos de forma homogénea.

ANALIZAR QUÉ DEBE HACERSE
DURANTE LAS ENTREVISTAS

En las entrevistas de selección hay algunas cosas que deben hacerse y otras que, en cambio, no deben hacerse nunca.

Los comportamientos descritos a continuación están relacionados con un tipo de manifestaciones bastante típicas de los candidatos durante las entrevistas de selección. Algunas de estas son tan inmediatas que pasan inadvertidas al control de la persona; otras, en cambio, son fruto de elecciones a menudo erróneas. Nos parece, pues, útil hacer una breve relación de las cosas que se tienen que hacer y de las que no se tienen que hacer (aunque para escribirlas todas se necesitaría un libro entero) para ayudar, a aquellos que se enfrentan a las entrevistas de selección, a obtener los mejores resultados cometiendo los mínimos errores.

• Valorar, antes de cualquier entrevista, cuáles son los propios puntos fuertes y cuáles los débiles. Intentar hacerse preguntas y responder a ellas.

• Verificar el propio modo de comunicar las informaciones. Lo que se dice depende, a veces, de cómo se dice.

• Reflexionar sobre la siguiente pregunta: «¿Qué ventaja poseo a nivel competitivo? ¿Qué tengo de más con respecto a la concurrencia para que la empresa tenga que preferirme a mí en lugar de a otra persona?»

• Describir todas las experiencias laborales: el trabajo negro no es culpa de quien lo hace. De hecho es mejor estar mal empleado que desempleado y, de todos modos, incluso el trabajo negro es una experiencia profesional.

• Informarse primero del significado y de los requisitos del trabajo para el que nos presentamos como candidatos. Es un error muy grave presentarse como candidato para un puesto de secretaria de dirección y pensar que es idéntico al trabajo que realiza una dactilógrafa o una secretaria comercial. A la pregunta: «¿Tiene usted claro de qué tipo de trabajo se trata?» es necesario responder con absoluta precisión.

• No presentarse nunca ni antes ni después de una entrevista de selección.

• No llegar con mucha anticipación (30 minutos) y no llegar nunca tarde (ni siquiera un minuto).

• Saludar educadamente a nuestro interlocutor: estrechar la mano y presentarse con el nombre y el apellido demuestra un cierto *estilo* de comportamiento que se aprecia mucho.

• Sentarse en la silla que se nos ha indicado después de habernos quitado el abrigo y todo lo que pueda molestarnos durante la entrevista. Cuidado con la disposición de la mesa y de las sillas. Tenemos que sentarnos siempre en la posición que parece menos importante, incluso si nos han hecho entrar en una sala secundaria para rellenar la ficha de selección. Mientras estamos escribiendo podría entrar el seleccionador y empezar la entrevista...

• Esperar siempre a que el seleccionador tome la palabra para empezar a hablar.

• Centrar con atención el problema que se nos propone: es preferible pedir que se repita la pregunta, a responder de cualquier manera e irse del tema.

• Intentar alcanzar un cierto equilibrio entre el comportamiento rígido y la confianza excesiva. Es necesario intentar estar lo más relajado posible (aunque un poco de inquietud no perjudica en la entrevista).

• Evitar atribuir a los amigos o a los familiares comportamientos que también se nos podrían atribuir a nosotros. Decir sobre un pariente que «hace ese trabajo porque no ha encontrado nada mejor pero que en realidad no le interesa», podría hacer pensar (y normalmente lo hace) que incluso nosotros tenemos los mismos motivos.

• Cuidado, sobre todo si la entrevista tiene lugar en una empresa privada, a como se habla de las oposiciones públicas. Decir que se ha participado a innumerables oposiciones no hace muy buena impresión.

• Hablar de la familia, de los hijos y de los propios problemas de forma relajada.

• Evitar, si es posible, transmitir nuestros nervios al seleccionador, es decir, evitar movimientos, gestos, etc., que puedan provocar este resultado.

En general, para administrar de la mejor manera posible una entrevista de selección es necesario:

— ser nosotros mismos;

— *vender* de la mejor manera posible nuestras propias capacidades y habilidades;

— camuflar, si puede servir para algo, pero nunca mentir;

— ser activos y no pasivos;

— comportarse de forma madura.

De hecho, tenemos que acordarnos de que:

Mientras el interlocutor nos selecciona para una cierto puesto de trabajo, nosotros lo juzgamos a él como persona que tiene un cargo delicadísimo: el de seleccionarnos a nosotros.

Si cada candidato con posibilidades hiciera suya esta reflexión elemental respecto a la selección de personal, todos los nervios que se acumulan y los errores que se verifican durante las entrevistas de selección disminuirían de forma drástica.

La entrevista técnica

Superada la fase de los test y de las entrevistas de aptitud se llega **finalmente a la empresa.**

Primero se mantiene una entrevista técnica.

Esta entrevista, a la que se convocan entre tres y cinco candidatos, está dirigida generalmente por el responsable del departamento o del área en la que se necesita la contratación. Esto significa que el que dirige esta entrevista es normalmente el futuro jefe.

Esta fase de la selección se dirige, pues, en dos sentidos distintos:

También el candidato puede recurrir a medios para conocer a la persona a la que tendrá que responder seguramente sobre el propio trabajo. En este sentido tendrá que valorar qué tipo de persona es y si le parece que podrá establecer con ella una buena relación profesional. En caso negativo, también el candidato tendrá que reflexionar atentamente antes de aceptar el trabajo.

Hecha esta importante aclaración, ¿qué temas se tratan en la entrevista técnica?

La entrevista técnica tiene la finalidad de investigar y valorar las competencias técnicas además de verificar cuáles, entre los candidatos de la última relación que ha llegado hasta esta fase de la selección, se adapta mejor a las características de la empresa y de las personas con las que tendrá que colaborar.

Las preguntas del seleccionador tienen que ver normalmente con los ámbitos de actividad previstos para el candidato en la empresa. La joven que se ha presentado para el puesto de secretaria tendrá que pasar seguramente una prueba de dactilografía y una de estenografía y tendrá que responder a preguntas del tipo: «¿Cómo se solicita un crédito?» o «¿Cómo se hace esperar a un cliente, mientras el jefe está al teléfono?»
La candidata tendrá que responder, de todos modos, a preguntas diversas como: «¿Tiene usted problemas para quedarse en la oficina hasta las siete de la tarde?», o «¿Sabe usted que nuestra empresa no aprecia mucho a los jóvenes que se casan en cuanto se los contrata?», etc.

Es decir que:

Durante la entrevista técnica se tratan temas tanto de tipo **estrictamente profesional** (que no se tratan durante las entrevistas de aptitudes) como sobre **motivación.** Algunas de las preguntas de las entrevistas de aptitud se podrían repetir, de hecho, durante estas entrevistas, aunque tal vez de forma menos cortés, teniendo el interlocutor un papel más operativo y estando más directamente implicado en la selección del candidato, de lo que no lo está un encargado de la oficina de personal o una consultoría externa.
Los aspectos relativos al **cargo** y a la **retribución** se tratan normalmente en esta fase de la selección aunque, a menudo, no se profundiza en ello.

Es decir, se habla de una retribución prevista, sin dejar mucho espacio a la posibilidad de comentar de nuevo la cantidad. Esto vale sobre todo para las puestos de nivel medio-bajo y para los jóvenes; no vale, evidentemente, para los cargos de directores o dirigentes.

Los aspectos relativos a la integración en la empresa se tratan en la última entrevista, dirigida solamente por el director de personal o por el director general, al final de la cual se debería proceder a la firma del contrato de trabajo o del compromiso de admisión.

Durante esta entrevista, acabada con la **definición de los aspectos contractuales y retributivos**, se perfeccionan los acuerdos tomados anteriormente, se definen posibles beneficios, etc., se aclaran, en definitiva, todos los elementos relativos al verdadero contrato.

Si se trata del primer empleo o de un nuevo tipo de contrato colectivo de trabajo (es decir si se cambia el sector de actividad respecto a la empresa precedente) se tiene que llegar preparado para este encuentro. Es necesario, pues, encontrar el contrato de trabajo colectivo relativo al sector de actividad de la empresa y, en caso de duda, dirigirse a los sindicatos para obtener las aclaraciones oportunas.

Siempre que se trate del primer trabajo, es necesario conocer con claridad qué tipos de contratos existen para facilitar la integración de los jóvenes (el contrato de formación de trabajo, por ejemplo), qué ventajas aporta a la empresa, qué ventajas aporta a los jóvenes, qué retribución prevé y qué vínculos crea tanto con la empresa (duración del contrato, formación profesional, etc.) como con el joven.

A modo de síntesis:

Para no hacer un triste papel y no cometer errores, es necesario estar siempre informado y conocer el terreno en el que uno se mueve para saber qué dirección tomar y hasta qué punto se pueden conseguir las propias peticiones.

Si se superan todas las fases de la selección descritas hasta aquí (mecanismo que dura entre uno y tres meses), se consigue firmar un contrato de trabajo con una empresa. Finalmente hemos sido contratados.

El camino que sigue parece todo cuesta abajo. Pero no es así.

El período de prueba, sobre todo para los jóvenes que se encuentran con su primer trabajo, representa un período fundamental y, por este motivo, extremadamente delicado y por ello se tiene que dirigir con precaución.

Durante el período de prueba es necesario:

• Respetar las reglas con extrema atención (horarios, procedimientos internos, etc.).

• Escuchar todo y hablar poco. Es decir, intentar entender lo que sucede a nuestro alrededor, evitando cometer errores y dar pasos en falso (a los que nos podrían inducir incluso colegas malévolos).

• Intentar establecer buenas relaciones con todos, pero evitar entablar amistad con alguien (es decir, evitar dar demasiada confianza a personas que no conocemos y que podrían utilizar nuestra ingenuidad y disponibilidad en contra nuestra).

• Intentar descubrir quién cuenta en la empresa y, sobre todo, qué poder tiene nuestro jefe.

• Trabajar mucho y trabajar bien.

• Trabajar y comportarse como si el período de prueba fuera una entrevista de selección sin interrupción.

La relación con la empresa

• El encuentro con la empresa tiene lugar a través de los siguientes pasos: el test de aptitud, la entrevista de grupo, la entrevista individual sobre motivación, la entrevista técnica, la entrevista para la definición de los aspectos contractuales y retributivos y el período de prueba. No todos estos encuentros son necesarios, la admisión puede llegar después de una breve y única entrevista.

• De todos los encuentros de selección posibles, el más importante es la entrevista individual, aunque tiene el mismo valor la entrevista técnica.

• Durante la entrevista individual para analizar cuestiones de aptitud se hacen normalmente preguntas relativas a los datos personales, a las características de la personalidad, y a la historia profesional. También se deja espacio para las eventuales preguntas del candidato.

• La selección es un proceso de dos direcciones. Mientras el seleccionador valora la congruencia entre la capacidad, las características del candidato y el papel en la empresa, el candidato juzga si el puesto es efectivamente interesante y si las condiciones ofrecidas son coherentes con las propias expectativas.

• La entrevista técnica la dirige normalmente el responsable del área o del sector en el que se trabajará luego.

• El período de prueba representa el momento conclusivo de la selección. Por este motivo se tiene que afrontar comprometiéndose con todas las energías posibles para evitar los errores que podrían comprometer el resultado de tanto esfuerzo.

Los medios para cambiar de trabajo

Los argumentos desarrollados en las páginas precedentes sugieren caminos y medios que se pueden adoptar cuando se busca, en general, un trabajo.

Los mismos medios y los mismos canales informativos se tienen que utilizar también cuando se quiere cambiar de trabajo. Puesto que, de hecho, el mercado laboral es un conjunto único de empresas, sociedades y personas, es un error distinguir en su interior distintos sectores a los que se pueden dirigir las personas que ya tienen experiencia laboral.

Dando por descontado que el mercado laboral está representado por una gran serie de oportunidades profesionales dirigidas, tanto a los jóvenes que van en busca del primer empleo como a las personas con experiencia, no se puede hacer nada más que preguntarse:

¿Qué diferencia existe entre quien busca su primer empleo y quien, en cambio, ya ha tenido alguna experiencia laboral?

La respuesta es: las personas.

Es decir: el hecho de que un individuo haya tenido alguna experiencia laboral hace que se la considere una persona completamente distinta de quien se mueve por primera vez dentro del mercado laboral.

La principal diferencia es que quien tiene experiencia laboral es un profesional, es decir, una persona con competencias especiales, utilizables en otro campo laboral. El joven, en cambio, todavía está casi escolarizado, es decir posee conocimientos y habilidades que solamente el trabajo convertirá en competencias.

Definida esta primera y fundamental distinción (que responde a las quejas formuladas por muchos jóvenes que se lamentan del hecho de que las empresas sólo contratan personal con experiencia y no jóvenes que buscan su primer empleo), nos parece oportuno también reflexionar sobre las distintas motivaciones que empujan a un joven o a un adulto a buscar o cambiar de trabajo.

El joven en busca de su primer empleo y que acaba de empezar tiene que alcanzar los siguientes objetivos:

— aprender a «venderse»;

— adquirir información sobre la organización y el trabajo;

— hacer una elección de tipo profesional;

— superar la inseguridad que deriva de la inexperiencia;

— entender la cultura que determina los modelos empresariales y que existe en las empresas;

— comportarse de forma inteligente con el propio superior y con los colegas;

— aceptar la idea de ser «el último mono»;

— aceptar y comprender las responsabilidades;

— equilibrar la exigencia de independencia y el tener que depender de otros para adquirir competencias y habilidades profesionales;

— aprender a convivir con el éxito y el fracaso.

El adulto que ya tiene experiencia laboral tiene que asumir, en cambio, tareas distintas que son:

— escoger entre la carrera de especialista o la de generalista (dirección);

— definir la propia identidad profesional;

— desarrollar un plan de carrera;

— conseguir un equilibrio entre sí mismo, la familia y el trabajo;

— valorar de forma real el equilibrio entre ambición, capacidad y oportunidad;

— decidir si se acepta la situación o se intenta el cambio;

— estar al día en el propio sector y en la propia área de competencias;

— desarrollar habilidades de gerente si fuera necesario;

— aceptar una reducción de las perspectivas de mejora y buscar otras oportunidades fuera del trabajo, si no es posible avanzar dentro de la empresa.

Como se ve a partir de esta breve síntesis, los problemas que tienen que afrontar el joven en busca del primer empleo y el adulto que ya tiene experiencia laboral son muy diferentes, así como el planteamiento y la aproximación al mercado laboral.[2]

Aunque las exigencias del individuo y los problemas que tiene que afrontar en el ámbito laboral sean distintos, los medios fundamentales para encontrar trabajo son los mismos.

Todos los métodos descritos hasta ahora y las modalidades para utilizarlos tendrán que ser estudiados, analizados y aplicados con igual determinación y constancia si se quiere alcanzar el éxito profesional.

[2] Para ampliar todo lo referente a la mejora profesional, véase *Estrategias para hacer carrera*, publicado por Editorial De Vecchi.

www.ingramcontent.com/pod-product-compliance
Lightning Source LLC
Chambersburg PA
CBHW070939210326
41520CB00021B/6976